# Como Parar de Atuar

Coleção Estudos
Dirigida por J. Guinsburg

Equipe de realização – Tradução: Denise Weinberg e Eduardo Muniz; Edição de Texto:
Marcia Abreu; Revisão: Iracema A. Oliveira; Sobrecapa: Sergio Kon; Produção:
Ricardo W. Neves e Sergio Kon.

# Harold Guskin

## COMO PARAR DE ATUAR
**UM RENOMADO PREPARADOR DE ATORES COMPARTILHA SUA REVOLUCIONÁRIA ABORDAGEM DE INTERPRETAÇÃO PARA TEATRO, CINEMA E TV**

Introdução de Kevin Kline

Título do original em inglês
*How to Stop Acting: A Renowned Acting Coach Shares His Revolutionary Approach to Landing Roles, Developing Them, and Keeping Them Alive*

Copyright © 2003 by Harold Guskin and David Finkle
Introduction copyright © 2003 by Kevin Kline

CIP-Brasil. Catalogação-na-Fonte
Sindicato Nacional dos Editores de Livros, RJ

G989c

Guskin, Harold, 1941-
    Como parar de atuar: um renomado preparador de atores: compartilha sua revolucionária abordagem de interpretação para teatro, cinema e TV / Harold Guskin; introdução de Kevin Kline. – [tradução de Denise Weinberg, Eduardo Muniz]. – São Paulo: Perspectiva, 2015.
    (Estudos; 303)

    Tradução de: How to stop acting
    3ª reimpr. da 1ª edição de 2012
    ISBN 978-85-273-0961-5

    1. Teatro. 2. Teatro – Aspectos psicológicos. I. Título. II. Série.

12-5033.          CDD: 792.028
              CDU: 792.028

16.07.12   26.07.12                 037365

1ª edição – 3ª reimpressão

Direitos reservados em língua portuguesa à
EDITORA PERSPECTIVA LTDA.

Av. Brigadeiro Luís Antônio, 3025
01401-000 São Paulo SP Brasil
Telefax: (011) 3885-8388
www.editoraperspectiva.com.br

2019

# Sumário

Agradecimentos.................................xv

Introdução – *Kevin Kline*.......................xvii

Prólogo.......................................xix

1. TIRANDO DA PÁGINA........................1

   Sugestões para a Prática.......................21

2. EXPLORANDO O PAPEL
   PARA REVELAR A PERSONAGEM.............29

   Trabalhando a Partir da Negativa................37
   Usar a Dupla Negativa.......................40
   Faça Escolhas Poderosas......................41
   Tire as Palavras que Estão no Texto.............44
   Quebre o Ritmo.............................46
   Deixe o Texto Guiar a Pesquisa................53
   Sugestões para a Prática.......................56

3. EU QUERO ESTE PAPEL.
   COMO FAÇO PARA CONSEGUI-LO? .......... 61

   Ignore a Descrição da Personagem ............... 64
   Não Memorize ..................................... 65
   Prepare-se para Testes Tirando da Página
   as Falas de Outras Personagens ................... 65
   Vista-se para Sentir a Personagem,
   Não para Parecer com Ela. ........................ 67
   Não se Esforce para Ficar em um Estado Emocional ... 67
   Chegue com Possibilidades ....................... 68
   Dê a Eles Muitas Possibilidades .................. 70
   Faça uma Coisa de Cada Vez ...................... 71
   Trabalhe com o que Estão lhe Dando ............. 73
   Ataque Seu Medo ................................ 73
   Assuma o Controle do Teste. ..................... 76
   Sugestões para a Prática ......................... 80

4. DURANTE OS ENSAIOS E EM TEMPORADA. ... 83

   Em Ensaios ...................................... 83
   Seja Corajoso ................................... 84
   Vá Devagar ..................................... 87
   Faça o Seu Dever de Casa ........................ 88
   Desista do Seu Ego. ............................. 90
   Trabalho com a Direção .......................... 91
   Explorando e Repetindo .......................... 94
   Em Cartaz ...................................... 95
   Entrar com a Maior Liberdade Possível ........... 95
   Explorando e Repetindo – Reprise ................ 96
   Quando as Escolhas não Funcionam mais .......... 97
   Atuando em Longas Temporadas ................. 101

5. ATUANDO NO CINEMA E NA TELEVISÃO .... 103

   Preparando a Personagem antes de Filmar ........ 104
   Tire o Roteiro da Página ......................... 105

Trabalhar a Sequência do Roteiro . . . . . . . . . . . . . . . 106
Pesquise o que Você Não Sabe . . . . . . . . . . . . . . . . . . 107
Grandes e Extravagantes Escolhas . . . . . . . . . . . . . . . 108
No *Set*. . . . . . . . . . . . . . . . . . . . . . . . . . . . . . . . . . . . 110
Trabalhando com a Direção . . . . . . . . . . . . . . . . . . . . 111
Atuando no Dia da Filmagem . . . . . . . . . . . . . . . . . . 112
O Plano Máster. . . . . . . . . . . . . . . . . . . . . . . . . . . . . . 113
A Câmera Chega Perto . . . . . . . . . . . . . . . . . . . . . . . . 114
O *Close*. . . . . . . . . . . . . . . . . . . . . . . . . . . . . . . . . . . . 115
Atuando Eventualmente em Televisão . . . . . . . . . . . 117
Atuando em Grandes Papéis na Televisão . . . . . . . . . 118
Atores Convidados para Participações
e Pequenos Papéis no Cinema . . . . . . . . . . . . . . . . . . 120
Papéis Cômicos . . . . . . . . . . . . . . . . . . . . . . . . . . . . . . 121
Chegando aos Momentos de Grande Emoção. . . . . . 122

6. ATUANDO NOS GRANDES PAPÉIS. . . . . . . . . . . . 133

Aumentando Sua Gama de Emoções . . . . . . . . . . . . 134
O Papel da Imaginação . . . . . . . . . . . . . . . . . . . . . . . 136
Contra a Interpretação . . . . . . . . . . . . . . . . . . . . . . . 137
Usando a Negativa . . . . . . . . . . . . . . . . . . . . . . . . . . . 138
Lidando com a Linguagem de Shakespeare . . . . . . . . 142
Sugestões para Trabalhar Shakespeare
Por Conta Própria . . . . . . . . . . . . . . . . . . . . . . . . . . . 146

Epílogo . . . . . . . . . . . . . . . . . . . . . . . . . . . . . . . . . . . . . 151

*Para minha esposa Sandra,*
*que me ensinou como viver.*

*Que nos venha em auxílio uma musa de fogo,*
*disposta a subir até o mais brilhante céu da invenção.*

WILLIAM SHAKESPEARE.

*De nada tenho certeza, somente da pureza dos*
*afetos do coração e da verdade da imaginação –*
*o que a imaginação considera belo, deve ser verdade.*

JOHN KEATS,
carta para Benjamin Bailey,
22 de novembro de 1817.

# Agradecimentos

Este livro não seria possível sem a ajuda de David Finkle. Ele me incentivou a escrevê-lo usando minhas próprias palavras, para que o leitor pudesse me conhecer, assim como minhas ideias, diretamente. Ajudou-me a confiar em minha escrita, algo que era muito difícil para mim. Agradeço sua generosidade em compartilhar comigo não só sua experiência e *insights*, mas também sua sensibilidade e entusiasmo. A enorme quantidade de tempo que passamos juntos, desde o começo do projeto, fez deste livro uma realidade.

Minha editora, Rebeca Saletan, fez algo para o qual sempre serei grato e que não conseguiria agraceder o suficiente: ela ouviu o que eu tinha a dizer sobre interpretação e verdadeiramente "entendeu". Por causa de sua integridade, o editorial sempre foi honesto com meu trabalho. Ela ajudou-me a esclarecer um processo que parecia impossível de colocar no papel. Além disso, tornou possível a ponte entre o mundo literário e o mundo da atuação, com sagacidade, inteligência e honestidade inabaláveis.

Agradeço minha agente, Charlotte Sheedy, cuja sabedoria e entusiasmo fizeram a roda girar.

Minha gratidão infinita a Kevin Kline, que me permitiu falar em profundidade sobre nossa longa relação como professor e aluno e que até os dias de hoje continua a me surpreender com sua capacidade, determinação e coragem de assumir riscos. São essas qualidades, combinadas a uma imaginação sem limites, que tocam a todos nós que amamos vê-lo atuando.

Para Brigitte Lacombe, *un bisou* por sua incrível maestria e por fazer graça disso.

Meus agradecimentos a Ellen Wolf por transcrever minhas imensas anotações, por ajudar a preencher as lacunas deixadas pelo ponto de vista do aluno e me permitir gravar nossas sessões de preparação.

Para os atores que deram entrevistas e partilharam suas experiências de trabalhar comigo, ofereço a minha mais profunda gratidão. Eles fizeram deste livro uma jornada pessoal e espero que ela dê ao leitor uma compreensão mais orgânica do trabalho que faço. Obrigado Kevin Kline, Glenn Close, James Gandolfini, Matt Dillon, Christopher Reeve, Peter Fonda, Bridget Fonda, Ally Sheedy, Jennifer Jason Leigh, Tcheky Karyo e Chris Noth por me doarem seu tempo, pensamentos e palavras.

À longa lista de atores que treinei e ensinei, um especial obrigado pela confiança. Trabalhar com vocês tem me dado uma vida de alegrias.

Acima de tudo, agradeço à minha mulher, Sandra Jennings, por nunca deixar de me apoiar. Foi ideia dela que eu escrevesse este livro, e sua convicção de que eu conseguiria se confiasse em minha intuição e em mim mesmo foi decisiva – muito semelhante ao meu jeito de aconselhar os atores, quando digo para revelarem a si mesmos na frente do público e darem aquele emocionante salto de fé em direção à liberdade, que é exatamente o que é atuar.

# Introdução

Sempre achei que, indiretamente, fui responsável por Harold Guskin ter se tornado um professor de interpretação. Harold era ator, diretor e meu colega na companhia de teatro da faculdade. Certa vez, ele estava dirigindo dois atores e eu numa improvisação. Eu estava representando tão mal que ele parou o exercício e disse que não poderia continuar mais. Que antes de nos dirigir em mais uma nova peça, nos ensinaria como atuar.

Tínhamos estudado interpretação, lido nosso Stanislávski, observado os mestres, feito peças e fazíamos um trabalho bem honesto, imitando o que achávamos que era atuação. Mas não era de verdade e nós sabíamos disso. O que Harold nos ensinou era muito complicado e muito simples. Ele nos fez entrar em contato com nós mesmos e, a duras penas, nos desconectou dos antigos estereótipos da interpretação que lutávamos para manter. "Pare de atuar", ele falava sem parar. Eu disse a Harold que este livro deveria se chamar "*Como parar de atuar*".

Harold tem uma extraordinária habilidade em conduzir os atores pelos lugares mais primitivos dentro de si mesmos, levando-os até as verdades mais importantes e interessantes do texto. Ele não só nos ensinou como responder intuitivamente ao texto, mas, mais importante ainda, nos ensinou a assumir uma responsabilidade pessoal por ele. Do nada, um novo mundo se abriu para nós. E tudo isso foi somente no primeiro dia.

Não acredito que alguém possa ensinar um ator como atuar. Ultimamente tenho pensado que nós nos ensinamos. Mas Harold me deu uma bússola com um norte *verdadeiro*, me colocou no caminho certo, me ensinou como navegar e, o melhor de tudo, me ensinou a alegria mais pura que a atuação pode trazer para nós, que somos abençoados e amaldiçoados por fazer isso.

*Kevin Kline*

# Prólogo

Eu tinha 25 anos de idade quando entrei pela primeira vez numa aula de interpretação. Estava terminando meus estudos na Escola de Música de Manhattan, enquanto trabalhava profissionalmente como trombonista em orquestras sinfônicas. Ainda assim, mesmo que eu amasse música, não me sentia realizado. Passava a maior parte do meu tempo assistindo a peças na Broadway e Off-Broadway. Lia Stanislávski e as peças de Anton Tchékhov, Eugene O'Neill, Tennessee Williams, Arthur Miller, Samuel Beckett e Jean Genet. Finalmente, fui ver como era essa aula de interpretação.

Quando o professor pediu para alguém subir no palco para fazer uma improvisação, minha mão voou no ar. Eu me ofereci rapidamente, pois tinha medo de que quando visse alguém no palco, ficaria muito envergonhado de subir lá. Então eu fui, sem nenhuma noção do que seria uma improvisação.

Eu tinha de entrar pela porta – uma porta de verdade, no centro do fundo do palco. Tinha de fazer uma improvisação que comunicaria ao público como estava o tempo lá fora.

Por alguma razão, quando estava na coxia, minha imaginação decolou. Via-me no litoral da Irlanda, numa noite de tempestade, muito fria. Eu estava perdido. Achei um bar. Entrei pela porta. Sacudi a água do meu casaco e do meu chapéu. Depois de um instante, percebi que havia algo errado. Fez-se um silêncio. Eu olhei em volta. Um homem olhava para mim de um jeito não amigável. Sorri, andei até uma mesa, sentei e esperei alguém me atender. Ninguém veio. Não olhei para a frente. Estava com frio e com medo. Senti que não era bem--vindo, estava completamente sozinho. Esperei. O silêncio parecia perigoso. Então, do nada, eu bati com a mão na mesa e gritei: "Tá olhando o quê, cara?!"

A classe caiu na gargalhada. Eu não achei que tinha sido engraçado. Mas o que mais me surpreendeu foi que, mesmo tendo a consciência de que estava no palco, isso não me distraiu em nenhum momento. Minha concentração estava toda nessas coisas estranhas que aconteciam no bar da minha imaginação. A fantasia foi tão real para mim como nunca tinha sido antes. Minhas emoções estavam totalmente livres e borbulhando dentro de mim. Foi uma sensação muito forte estar sozinho no palco ou, talvez, nesse bar. Minha intuição me levou a essa escolha ousada: explodir e gritar. Eu não tinha pensado nisso. Simplesmente aconteceu.

Estava animadíssimo. Sentia-me vivo. Um tempo depois, pensei: deve ser assim que um solista se sente no meio de um concerto de violino de Tchaikovsky e não um trombonista lá no fundo da orquestra. Mas era um sentimento que eu também reconhecia tocando trombone, quando trabalhava com grandes maestros e grandes orquestras. Deixava o medo de lado e confiava completamente na minha intuição. Nos meus melhores dias, isso acontecia. Era como se eu improvisasse as notas da música, mesmo tendo estudado música clássica e não *jazz*. Aprendi a improvisar com as notas que me eram dadas e não criando novas notas.

Quando formalmente comecei a estudar interpretação, percebi que aprendi mais nos livros que li que em qualquer uma de minhas aulas. Comecei, como qualquer pessoa dos anos de 1960 começaria, com Stanislávski. Depois vieram *As Primeiras Seis Lições*, de Richard Boleslávski, *Para o Ator*, de Michael Tchékhov, *Jogos Teatrais*, de Viola Spolin, *Teatro: A Verdadeira Descoberta do Estilo*, de Michel Saint-Denis e os livros de Peter Brook, Antonin Artaud e Jerzy Grotowski. Explorei esses livros e tentei aplicar suas ideias. Algumas funcionavam imediatamente. Outras davam certo por algum tempo, depois me causavam problemas, então eu as abandonava. Algumas me afetaram anos depois, no trabalho do palco e no cinema. Mas todas me inspiraram e me deram um raciocínio cênico, um raciocínio que não consegui obter diretamente nas aulas.

No entanto, *A Preparação do Ator* virou a minha bíblia. Absorvi cada página, cada exercício. Tornei-me "o estudante" que Stanislávski continuamente se refere no livro, o estudante querendo se tornar um ator, o estudante guiado por Stanislávski à procura da verdade mais profunda. Quando falo assim sobre ele, ainda me comovo. Era maravilhoso poder entrar no mundo do teatro, e eu sei que foram minhas explorações pessoais em *"A Preparação do Ator"* que me deram a confiança para testar minhas asas.

Quando comecei a atuar profissionalmente, logo depois de iniciar meus estudos, fazia meu trabalho de ator do jeito que Stanislávski ensinava. Analisava o texto a partir da motivação mais básica da personagem – o que ele chama de "superobjetivo" – e também pelos "objetivos", motivações e ações que geram conflito na cena. Escrevia páginas e páginas com a história da minha personagem. Procurava em minhas próprias experiências pessoais algo que pudesse usar nas cenas, por meio da técnica de Stanislávski chamada "memória emotiva". Dia e noite, ficava obcecado pela personagem.

Tudo fez sentido. Meu primeiro trabalho impressionou diretores e público. Eu era ativo, cheio de energia e eficaz. Mas depois de um tempo, percebi que tanto nos ensaios quanto nas apresentações não me sentia tão livre quanto eu sabia que poderia estar. Não estava disponível para meus sentimentos, intuição e imaginação de uma maneira fluida. Não estava no momento presente. Sentia-me constrangido pelas técnicas que supostamente deveriam encher a cena com emoção. Tentava tanto "atingir meu objetivo", que não conseguia fazer nada além disso na cena. Não estava em um estado de exploração genuíno, então meu jeito de atuar não causava nenhuma surpresa, nem para mim, nem para o público. Eu era muito correto, muito lógico. Meus personagens não tinham a maravilhosa capacidade de mudança que a vida tem.

Sentindo-me dessa forma – preso, sem inspiração, sem contato com meus sentimentos, intuição e imaginação – lembrei da minha primeira improvisação. Foi quando desisti de pensar em atuação estritamente segundo as ideias de Stanislávski, especificamente pela análise de texto. Em vez de começar o meu trabalho sobre a personagem analisando cena por cena do texto, comecei a improvisar as falas, momento a momento. E fiz isso sem nunca – e isto é crucial – mudar as falas originais. Era como se eu fosse um trombonista novamente, improvisando sobre a minha parte sem mudar qualquer nota.

Assumi o risco de simplesmente proferir a minha fala e responder às falas das outras personagens, sem me preocupar com nada além do que eu sentia, do que me interessava naquele momento. Explorei o texto no ensaio e continuei a explorar nas apresentações. Deixei de lado a técnica e a análise. Minha exploração, momento a momento, tornou-se a personagem.

Isso permitiu que eu me sentisse livre, conduzindo-me a uma personagem muito mais interessante, permitiu igualmente uma solução mais criativa para o problema de uma determinada cena – justamente, porque era forçado a recorrer apenas a mim e ao texto. Não houve análise de cena para me obrigar ou me proteger e, portanto, minha intuição veio à tona com energia e vigor. A personagem ganhou vida, porque eu já estava dentro dela.

Eu *era* a personagem naquele momento. Estava, desse modo, livre para fazer o que foi provocado pelas falas do diálogo. No entanto, minhas respostas e escolhas eram muito diferentes das minhas escolhas habituais na vida. Elas me surpreenderam, como na improvisação do bar. Eu era, e ainda sou, muito tímido na frente de pessoas que não conheço e sou quieto na maior parte do tempo. Mas me vi respondendo às falas da personagem com bastante facilidade, de formas diferentes e não planejadas. As respostas me pareceram arbitrárias, mas, de alguma forma, ao mesmo tempo conectadas às falas do texto e da personagem.

As falas estavam despertando algumas partes em mim que não usava muito na vida – que eu nem sabia que existiam. Mas, fala por fala, resposta por resposta, momento a momento, elas *eram* eu. Para qualquer outra pessoa, as falas do texto encadeadas não pareciam comigo. Só para mim. E então comecei tentar fazer personagens que eram diferentes uns dos outros e principalmente de mim, mas, paradoxalmente, eram totalmente eu.

O mais surpreendente de tudo é que isso era fácil. Tão fácil que eu pude ver por que os atores poderiam desconfiar disso. A arte é supostamente difícil, não é? Quanto mais sangue deixamos no processo de dissecar nossas psiques, melhor o desempenho, certo? Talvez não! Essa tranquilidade não só nos liberta como atores, ela liberta os espectadores também, bastando a eles olhar e ouvir e esquecer que estão prestando atenção na atuação. Eles são poupados de toda a tensão. Não sabem o que vão ver, então eles têm de acompanhar. Tudo se torna tão surpreendente para eles quanto para nós. Estamos, agora, todos no mesmo momento.

A única coisa difícil era ter a coragem de não dar a mínima para o que saiu, ou o que veio depois, ou como a escolha foi inesperada. Se eu não soubesse, ou não ligasse para onde estava indo a cada momento, estaria mais disponível para o texto de uma forma criativa. Lembro-me de estar em uma apresentação de modo tão pleno que eu não tinha ideia de qual era a próxima fala. E, quando chegava o momento, tomava fôlego e deixava a fala vir para mim. Ela sempre vinha. Em um momento, via-me enfurecido, gritando a deixa. Então, a fala seguinte viria para mim, delicada, amorosa. Em vez de lutar com o texto, tentando manter as modulações a qualquer custo, ou duvidando de mim mesmo, ignorando o impulso que queria me levar, respirava, expirava e simplesmente esperava a próxima fala me levar a uma viagem para um novo lugar. Os outros atores vinham elogiar as minhas transições, mas tudo que eu estava realmente fazendo era responder a cada fala, a cada momento. Era preciso coragem para não tentar controlar tudo – aceitar o que vinha a mim ou o que me interessava. Também era necessário coragem para esquecer o tempo, fazer no meu próprio ritmo, sendo paciente o suficiente para deixar as falas entrarem, e ver como elas trabalhariam comigo naquele momento ou, às vezes, para responder antes que eu tivesse a chance de censurar a resposta.

Comecei a entender que para encontrar o que existe de mais interessante na personagem, o ator tem de estar aberto às coisas mais rasas, bem como às coisas mais profundas que o afetam. Ele não pode censurar nada, inclusive as que parecem ser escolhas inadequadas. E por que o ator não sabe se o sentimento é certo até que ele o expresse, ele deve mostrá-lo antes que tenha a chance de escolher. Ele deve deixar isso para a sua intuição. Eu não estou dizendo que qualquer escolha estúpida pode ser a escolha certa no final. Mas se ele não fizer essa escolha estúpida no início, ele não irá para as coisas boas. E se uma escolha aparentemente inadequada funciona, ela pode ser melhor que boa. Ela pode ser ótima!

Existem várias maneiras de ensinar atuação. Antes de Stanislávski, tudo se resumia à voz, ao corpo e ao treino da fala. Depois, ele nos deu um "sistema" de atuação com base na psicologia da personagem e as ideias de como usar a si mesmo e as próprias memórias para defini-la. Desde então, tem havido muitas variações em seu sistema. Todas foram, porém, moldadas de uma forma ou de outra pelos preceitos básicos de seu método. E todas elas versam sobre "como atuar".

Minha dívida com Stanislávski, e com muitos outros grandes mestres da atuação que descobri quando comecei a estudar, é enorme. Mas qualquer teoria ou análise coloca o ator em sua mente, não em sua intuição. Uma vez que o ator sente a obrigação de cumprir e justificar a escolha, ele não é livre para ir a qualquer outro lugar. Ele já não pode explorar. Ele se torna consciente do que vai fazer e como vai fazê-lo. Como resultado, sua intuição é desligada. Isso porque, para todos nós, qualquer coisa intuitiva pode ser perigosa. Nós não podemos controlar. Portanto, a mente, reagindo ao perigo, muitas vezes rejeita a intuição e opta pelo seguro, pela alternativa pensada. Mas isso tira o ator da beira do abismo. E não importa o quão talentoso ele é, ele vai trair a sua escolha para o público, para a câmera e para si mesmo. A surpresa e a vida terão desaparecido do palco ou filme.

Muitos atores temem que uma abordagem intuitiva leve a personagens que são apenas o próprio ator. Como descobri anteriormente, o texto dá conta disso. Cada texto é diferente e, se o ator está realmente respondendo ao texto, sem se censurar, cada personagem vai afetar o ator de uma maneira diferente. Sua intuição e imaginação o levará a lugares diferentes de si mesmo ou da imagem que ele tem de si, embora todos eles sejam a cada momento ele próprio.

A personagem não é um quadro pintado que o ator ou diretor acham que deveria ser. A personagem é uma pessoa real. E assim eu – como um ator verdadeiro – devo atuar de uma maneira completamente pessoal, de modo que o público verá uma pessoa real, humana, na frente deles. Minha resposta pessoal ao texto pode ser chamada de uma interpretação do texto pelos críticos e público. Mas, para mim, é simplesmente a minha resposta ao diálogo e à ação. E é por isso que é crível e criativo.

Minha abordagem é a de desistir da ideia de atuar aquilo que eu penso e simplesmente reagir ao texto. Ao invés de outro método, eu ofereço uma estratégia baseada em uma ideia extremamente simples: o trabalho do ator não é criar uma personagem, mas responder ao texto contínua e pessoalmente, obedecendo ao seu impulso, da primeira leitura até a última apresentação. Se o ator confia nisso, ele será transformado em personagem por meio do texto.

Para mim, atuar é uma exploração em constante evolução, em vez de uma progressão em direção a um objetivo final. A personagem surge em resposta ao texto, enquanto o ator está em um estado de exploração, fala por fala, momento a momento. E para isso é preciso deixar de lado a técnica, o controle, as noções preconcebidas, as obrigações e, o mais difícil, o medo de parecer idiota e o de que você não vai encontrar a personagem, se trabalhar dessa forma.

Este livro é sobre deixar-se transformar na personagem, e sobre como parar de atuar. É sobre como jogar fora a técnica para que a intuição possa surgir. Trata-se de uma transformação na personagem, que acontece com tranquilidade e sem apoio nenhum, à exceção de si próprio e do texto. Ofereço ao ator uma maneira de mergulhar no texto da forma mais rápida e fácil possível, de estabelecer uma conexão direta entre ele e o material a ser trabalhado. Essa exploração, momento a momento, que começa sozinha e depois continua durante os ensaios, no palco ou diante da câmera, se torna a personagem.

Em razão da natureza não teórica da minha estratégia, quando me pediram para escrever um livro sobre o que eu faço, não tinha certeza se isso seria possível.

XXVI COMO PARAR DE ATUAR

Tinha muita experiência para contar, é claro. Tenho treinado atores por mais de trinta anos, desde que eu era um artista convidado* na Universidade de Indiana, onde atuava com a Companhia de Teatro de Indiana, que representava somente clássicos. Na época, havia um pequeno grupo de estudantes realizando improvisações em um café conhecido como A Coruja. Chamavam-se Vest Pocket Players e Kevin Kline era um deles.

Minha memória sobre o que aconteceu é um pouco diferente da de Kevin. Lembro que esses jovens atores pediram minha ajuda porque eles viam uma liberdade no meu jeito de atuar. À medida que eu levava isso realmente a sério, não tinha medo de fazer coisas ultrajantes no palco. Estava disposto a aceitar as várias abordagens sobre atuação enquanto elas funcionassem para mim, mas sempre deixava a intuição me guiar, já esses atores mais jovens sentiam-se limitados com o que achavam que deviam fazer e ficavam atados aos nós dos seus esforços.

Não planejei dar aulas, mas disse a Kevin e ao grupo que se eles calassem a boca por tempo suficiente para eu descobrir o que eu estava fazendo, ficaria feliz em começar uma pequena turma. Pouco tempo depois de começarmos, Kevin recebeu seu primeiro protagonista na principal produção da universidade e eu comecei a trabalhar individualmente com ele, treinando--o para o papel.

"Você me guiou fala a fala, nas cenas", lembra Kevin. "Eu me lembro de você lendo comigo e dizendo: 'O que essa frase significa para você?' Eu pensei: 'Quem se importa com o que isso significa para mim? Qual é o jeito certo para dizer isso? Até aquele momento, eu olhava para uma fala e dizia: Como é que o Olivier ou o Brando falariam? Assim como, pensei eu, um pintor diria: Como Velázquez pintaria isso? ou um músico diria: Como é que Horowitz tocaria isso?' Mas você disse: 'Quando você está no palco, para estar vivo, ao contrário de uma ideia que você está mostrando-nos ou indicando-nos sobre essa personagem, você tem de assumir a responsabilidade por essa fala. Então me diga o que essa fala significa para você."

---

\* Artista convidado: é o profissional que mantém vínculo com a universidade, aprimorando seus conhecimentos (N. da T.).

Enquanto Kevin progredia por meio do texto, ele começou a se permitir parar de interpretar a personagem de modo intelectual e apenas reagir às palavras, frases e falas pessoalmente, para que significasse algo para ele. "Essa enorme porta se abriu para mim", diz Kevin. "De repente, correndo o risco de soar pretensioso, percebi que isso é ser um artista que interpreta. Realmente trouxe algo para servir de suporte para esse material. Eu mesmo!"

Conversamos sobre o que cada fala significava e também o que a peça como um todo significava para ele, pessoalmente. "Foi emocionante", lembra Kevin. "Onde eu já teria escrito as minhas 'ideias', na margem do texto, agora me via escrevendo mais e mais: *Confie em si mesmo, confie em si mesmo*".

A maneira de atuar de Kevin começou a se tornar totalmente intuitiva, de uma maneira tão pessoal que iria evoluir para o seu próprio estilo. Ele desempenhou o seu papel na produção da universidade com uma tamanha individualidade que as pessoas começaram a tomar conhecimento dele. Era imprevisível e, portanto, divertido de assistir. Papéis importantes começaram a aparecer. Com cada personagem, ele explorou os diferentes aspectos de si mesmo. Seu repertório cresceu, enquanto ele se permitiu ser verdadeiramente estimulado por diferentes textos e personagens em que trabalhou.

Este foi o início de nossas explorações em conjunto, e continua até hoje – esse processo de imersão no texto, no diálogo, para que a personagem seja totalmente pessoal, crível e imprevisível. A partir desse encontro fortuito com Kevin, comecei a trabalhar com outros atores, e treiná-los tomou a forma de uma vocação, juntamente com o meu trabalho contínuo como ator, diretor e professor.

Particularmente, acho que gostei de fazer preparação de atores porque eu poderia adaptar o ensino ao ator de forma individual e assim ajudá-lo a lidar com problemas específicos de uma maneira imediata. Poderia me sentar em frente a ele e responder ao que ele estava fazendo naquele exato momento. Podia ver e ouvir e não fazer julgamentos. Poderia abandonar a teoria e partir para uma abordagem prática, pessoal, ajudando cada ator a encontrar seu próprio caminho, assim como eu encontrei o meu.

No entanto, quando decidi escrever um livro, não tinha certeza se poderia traduzir para a página escrita o que os atores fazem comigo na intimidade do estúdio. Por isso, contei com a ajuda de um experiente escritor de teatro, David Finkle, e vários de meus clientes, além de Kevin, Glenn Close, James Gandolfini, Matt Dillon, Christopher Reeve, Peter Fonda, Bridget Fonda, Ally Sheedy, Jennifer Jason Leigh, Tcheky Karyo, Chris Noth e vários outros, com quem eu poderia rever o nosso trabalho colaborativo. Quando conversamos sobre o que eu tinha feito com eles, fiquei surpreso ao ver um padrão distinto, palpável e coerente. Sem querer, parecia que eu tinha desenvolvido uma "abordagem".

Esses atores acham que o meu trabalho tem sido inestimável e, portanto, incorporei-o ao longo deste livro, muitas vezes usando suas pertinentes e persuasivas palavras. Incluí também as soluções que encontraram para os desafios reais de atuar profissionalmente no palco, em filmes e na televisão. Mas acima de tudo, o livro é sobre o que eu fiz e o que posso fazer para ajudar os atores a sentirem-se livres, criativos e verdadeiros, para ajudar a permitir que a intuição, a emoção e a crueza da vida real possam surgir dentro de si para se tornar a personagem. E tudo isso é para que o ator não tenha de atuar.

Minha esperança é que este livro ofereça o que os livros de atuação nos quais estudei me ofereceram: uma janela para dentro de mim e uma fonte de poder pessoal e emotivo. Faça dele o que quiser. Use somente algumas partes, ou nada, ou tudo. Se fizer com que você pense sobre atuação por um outro ponto de vista, o meu esforço por tê-lo escrito terá valido a pena.

# 1. Tirando da Página

*Eu sou tímida e fico tão tímida na frente de uma personagem que vou fazer quanto na frente de qualquer ser humano. No início do nosso trabalho, tínhamos de superar essa timidez para conseguir uma relação com ela, para que suas palavras saíssem realmente da minha boca.*

GLENN CLOSE

Atores chegam até mim por diversos motivos e em diferentes momentos de sua carreira. Matt Dillon chegou pela primeira vez com uma pesquisa enorme que tinha feito para sua personagem em *Drugstore Cowboy*. Christopher Reeve chegou mostrando a coragem de se redescobrir em seu trabalho. James Gandolfini continuou a estudar Tony Soprano comigo nas segunda e terceira temporadas de *The Sopranos* (Família Soprano), depois do sucesso estrondoso da primeira. Glenn Close veio com problema de testes. Ela disse:

A gente tem que se esforçar para vencer a barreira da timidez – forçar as palavras para fora, dizê-las – então, calmamente, a partir daí, você começa a entrar na personagem. Esse tipo de treinamento me ajudou muito. Às vezes, você está no *set* fazendo uma cena e sabe que você não está lá. Nessa hora, aprendi a dizer para mim mesma: "Não perca a coragem. Continue saltitante. Seja capaz de se fazer de boba." E, nesse momento, desde que você não tenha ficado com medo, nem refugido; se você perseverar, vai encontrar uma solução. Eu acho que esse início do treinamento, quando me forcei a dizer as palavras que eu não fazia a menor ideia de como dizê-las, botando-as para fora, lançando-as, atirando-as, foi como se eu tivesse quebrado uma barreira do som, senti uma grande liberdade.

Do ponto de vista convencional, o trabalho do ator na criação de uma personagem começa lendo o roteiro para si mesmo, então se discute a personagem e o texto com o diretor. O problema desse método é que, desde o começo do processo, o ator fica fora do roteiro e fora da personagem. E ficar fora do roteiro e da personagem significa que o ator está completamente *fora de si mesmo*, fora de sua intuição, dos sentimentos, da imaginação; fora da fantasia necessária para conceber criativamente uma personagem. Ele pode chegar a uma compreensão extremamente sofisticada dela, mas que, entretanto, o confunde na hora de pôr sua análise em ação.

Isso acontece porque ler o roteiro é um processo intelectual, que inevitavelmente conduz o ator a ter um olhar analítico do roteiro e da personagem, conforme nos foi ensinado na escola. Seja uma análise stanislavskiana, seja qualquer outro tipo de análise literária, ela leva o ator a *pensar* sobre a personagem, em vez de tentar intuitivamente outras possibilidades para ela. De fato, a análise faz com que ator fique com medo de confiar em sua intuição. Isto o induz a duvidar sua mente é bastante rica para compreender rapidamente quais são as necessidades centrais de sua vida, ou quais são os seus desejos numa determinada cena, como ensinava Stanislávski. A análise enfraquece o ator.

Glenn Close, uma das atrizes mais inteligentes que conheço, me disse: "Eu não tenho vergonha de não saber ler um roteiro muito bem. Algumas pessoas conseguem sentar e analisar profundamente o roteiro, de uma forma rápida. Para mim isso requer muito tempo." Os atores não são bons em análise, apesar de a maioria dos bons atores ser muito inteligente. A análise tem de ser deixada para os acadêmicos e críticos. Atores sabem sobre sentimentos, imaginação e improvisação. Eles são bons em se transformar em outras pessoas. Sua intuição é o seu talento. Quanto mais eles confiam em sua intuição, mais inesperada e inspiradora fica a sua performance. É aí que eles nos surpreendem. É isso que a plateia quer ver.

Não é que o intelecto não seja importante. Só não é onde o trabalho do ator começa. *Acredito que o verdadeiro trabalho de interpretação só começa quando o ator efetivamente verbaliza as palavras de sua personagem*. Não importa se é experiente ou não, a coisa mais importante para o ator é se conectar com o texto, com o diálogo, com as palavras. Nesse momento, ele se liga realmente à personagem – até mesmo de uma forma física, quando as palavras saem de sua boca. Se ele for capaz de dizer as falas da personagem de uma forma verdadeira, em vez de ler ou recitar o texto, ele estará realmente dentro da cabeça da personagem. Ele vai se sentir livre com as falas e as escolhas que elas provocam. Seu medo de procurá-la vai diminuir. Se ele puder estar ao mesmo tempo no texto e nele mesmo – surfando nas falas – sua intuição e o roteiro vão levá-lo para onde ele precisa ir. Se o ator consegue se conectar de uma forma pessoal e intuitiva com as palavras que sua personagem fala, pouco a pouco, no desenvolvimento de seu trabalho, ele vai começar sua exploração a partir do *interior da personagem*.

O ator tem de começar com uma resposta visceral à matéria. Por isso que é bom rejeitar escolhas intelectuais no início do trabalho. O ator deve se permitir ficar num estado de exploração, em dúvida ainda sobre o que ele vai fazer; isso o força a confiar nas suas primeiras respostas aos diálogos, por mais absurdas ou contrárias que possam parecer. Se ele for analítico, seu intelecto vai reprimir essas reações.

Mas o momento em que as palavras devem sair da boca do ator é sempre o momento mais temeroso, como Glenn Close descreve tão bem. É a prova final. E por ser tão assustador, o ator faz o que pode para evitar ou adiar esse momento, mesmo quando ele fala as palavras em voz alta. Cada vez que ele pega um novo texto e começa a ler alto, tem a tendência de "torná-lo real". *Real* para ele significa, inevitavelmente, natural, casual, conversacional. Se o ator for rápido, o que é considerado no mercado "um ator que lê bem", mesmo com a cara enfiada no texto, ele vai fazer com que o diálogo soe como se fosse real. Isso parece ser a coisa mais inteligente a se fazer.

O problema é que é inútil fazer isso, porque o ator está trabalhando por aproximação, não importa quão habilmente, com uma linha realista de leitura – ou seja, como o diálogo *poderia decorrer*. No processo, ele está estabelecendo ritmos e fazendo escolhas que ele nem sabia que queria. Ele está imitando a maneira pela qual acha que as coisas deveriam ocorrer e, passado não muito tempo, ele pode se emperrado nas leituras e escolhas do trecho sem se dar conta. Na melhor das hipóteses, vai ter de quebrar o padrão para se sentir livre e procurar reações frescas, respostas verdadeiras.

Quando um ator chega para trabalhar comigo, quero reações reais, frescas, desde o começo. Seja um ator que esteja em cartaz, protagonizando pela enésima vez, seja um jovem ator que esteja começando, iniciamos sempre da mesma maneira: voltamos para a barra, como um bailarino, começando do zero, com um exercício simples e eficaz, que permite ao ator descobrir ou redescobrir a base da atuação por meio do texto, sem preconcepções de como fazer o papel. Chamo esse processo de *"tirar da página"*.

É assim: o ator olha o texto no papel, lê a frase para si mesmo, inspirando e expirando para que ela entre na sua cabeça. Aí ele tira os olhos do papel e fala a frase, não mais lendo, mas falando.

É importante respirar quando você lê a frase, isso permite acessar pensamentos inconscientes, evocar imagens. Pode vir qualquer coisa, uma coisa trivial, simples, profunda, ou aparentemente sem nada a ver; o importante é que a reação seja a do momento e não a que você *acha* que seria a mais apropriada.

O objetivo é deixar a fala circular pelo inconsciente, de modo semelhante ao processo freudiano de associação livre. O ator acessa seu *self* inconsciente, surpreendendo-se com sua resposta inconsciente.

Assim que expelir o ar, fale a frase antes de ter a possibilidade de censurar qualquer pensamento ou sentimento. Não abafe a voz tentando ser sincero. Só fale o que você quer dizer, não importa que seja estúpido, assustador, engraçado, tocante, irreverente ou chato. Exalar antes de falar faz com que você use sua voz verdadeira e não uma voz de telefone, projetada como voz de ator. Quando não estamos atuando, usamos a voz de uma maneira diferente.

No instante em que o sentimento for expresso, desapegue-se dele para que a próxima fala o conduza para outro lugar. Geralmente os atores se apegam ao sentimento ou ao pensamento que funciona, com medo de não ter nada melhor para substituí-lo. Mas a verdade é que se apegar ao pensamento ou ao sentimento evocado por uma fala, limita as inúmeras possibilidades que a próxima fala pode despertar; desapegar-

TIRANDO DA PÁGINA 5

-se deixa espaço para o novo rapidamente aparecer. É essa a exploração.

Geralmente os atores ficam com medo de não ter o sentimento certo para a frase do autor. E, às vezes, a atitude honesta para uma fala dessas é: eu não senti nada nem pensei em nada. Surpreendentemente, a atitude é tão boa e útil como qualquer outra. Isso porque a atitude foi verdadeira. Na vida real, não sabemos direito o que sentimos ou pensamos, ou então não temos nenhuma atitude. É preciso ter coragem para admitir que você realmente não sabe nada sobre alguma coisa. Mais coragem é necessária para evitar um sentimento falso, simplesmente para agradar os outros.

A aceitação não é só importante, como essencial! *O nada* é poderoso quando é aceito na frente de uma plateia ou de uma câmera. Fazer nada faz a plateia reparar que a pessoa na nossa frente é real. Eu não construo sentimentos e pensamentos porque é natural que eles surjam de mim, mas sim porque é o que a personagem está falando. A *não reação* torna tudo mais perigoso, surpreendente. Não sabemos o que se pode fazer na fala seguinte. Isso faz o ator ser muito mais interessante.

Uma das razões por que as pessoas adoram o trabalho de James Gandolfini como Tony Soprano é que ele é preenchido por reações não óbvias e escolhas inesperadas. As pessoas acham que isso acontece num processo de quebrar o texto e selecionar antecipadamente as suas reações. Mas, na verdade, quando trabalho com Jim, geralmente a coisa mais importante que ele faz é admitir não saber o que está sentindo sobre aquela cena ou aquele momento. Aceitando isso e permitindo-se fazer isso, ele fica disponível para as reações surpreendentes e imprevisíveis que acontecem.

O ator iniciante também descobrirá que se ele não tiver um sentimento no momento, ficará logo zangado, frustrado, triste ou alegre no próximo. E isso provavelmente será um grande sentimento.

Para um ator fazer nada, já é uma grande coisa. Lembrem do final de *The Grapes of Wrath* (As Vinhas da Ira). Ma Joad pergunta para Tom: "Mas, Tommy, como vou saber onde você está?" Henry Fonda (Tom) responde: "Onde houver tiras batendo nas pessoas, eu estarei lá, Ma..."

COMO PARAR DE ATUAR

Lembrando esse momento clássico, Peter Fonda me contou: "Meu pai manteve sua cadência do Nebraska. Ele mal piscava e simplesmente lia as palavras de uma forma direta e quase insípida, seca. Se ele as tivesse dramatizado com projeções no rosto, no tom, na forma de falar, esse texto se tornaria piegas e exageradamente melodramático."

Fazendo isso, ou seja, fazendo nada, permitiu que a verdade daquele momento surgisse de uma forma poderosa.

Não seja muito exato sobre a quantidade de texto que você tem de tirar de uma página. Você pode pegar uma frase ou uma fala inteira ou pequenas frases curtas. Faça o que a sua intuição mandar ou então escolha arbitrariamente. Na verdade, quebrar os ritmos normais da fala fará com que você fique mais aberto a personagens com ritmos diferentes, novos e inesperados. Imprescindível é você saber o que está dizendo, não importa o que seja.

E o mais importante de tudo: *não seja cuidadoso!* São as suas frases, suas imagens, seus pensamentos. Não pense em tirar o texto da página como uma técnica de bom senso para começar o seu trabalho. A exploração que você está começando se converterá numa personagem. Porque você está dentro do roteiro, qualquer coisa que fizer pode ser a personagem ou poderia se transformar nela. Você está num estado de descoberta, alimentado pela única coisa de que você tem certeza sobre a personagem – o que ela fala. Isso o deixa livre para tentar qualquer coisa que passar por sua cabeça. Vou mostrar como é tirar o texto da página na prática. Suponhamos que eu esteja começando meu trabalho na peça de Michael Weller, *Loose Ends* (Pontas Soltas), no papel de Paul. A peça abre com o monólogo abaixo:

---

### Cena 1

*Slide*: 1970. Uma praia. Noite. Lua cheia. Ondas. No palco Paul e Susan, de vinte e poucos anos, nus, roupas espalhadas pelo chão. Ele está sentado olhando o mar (a plateia) e ela está deitada enroscada.

PAUL: No início foi maravilhoso. Depois de um mês, eu consegui falar a língua quase que fluentemente, e as pessoas eram fantásticas.

Elas apareciam e nos ajudavam. Ensinavam canções. Cara, a gente pensava que estava tudo indo muito bem. Nós conseguimos escavar todas as latrinas em seis meses e tínhamos de ficar lá dois anos, era o que tinha sido combinado. Foi aí que começamos a perceber que nenhum dos Nglele estava usando as latrinas. Então, começamos a observá-los mais e descobrimos que os Nglele usavam suas fezes como fertilizante. Era ouro para eles. Eles achavam que éramos uns loucos varridos por pensarmos que eles iriam desperdiçar suas preciosas merdas em nossas latrinas novas grã--finas. Eles tinham nos ajudado porque não tinham entendido por que estávamos lá. Eles achavam que era uma espécie de castigo, e que nos liberariam para ir para casa depois de termos cavado as latrinas. Por isso é que eles nos ajudaram, e, aí, quando continuamos lá, imaginaram que éramos uns párias ou qualquer coisa assim, e simplesmente eles pararam de falar conosco.

Extraído de *Loose Ends*, de Michael Weller, *Five Plays*, New York: New American Library, 1982.

A primeira frase é "no início foi maravilhoso". Olho para a página, leio a frase para mim enquanto inspiro e expiro. Pode ser o começo de uma relação que acabou, mas, neste momento, me lembro de minha primeira direção, logo que me formei com Kevin Kline e os Vest Pocket Players. Éramos muito jovens e tínhamos a vida pela frente. Tiro os olhos do texto e falo a frase, saboreando o fato na minha memória.

Se eu confiar em mim mesmo, vou simplesmente dizer a frase, e minha reação será visível. Não precisarei adicionar nada. Ninguém saberá especificamente em que estou pensando, porque estou somente falando o que Weller escreveu. Mas se eu tiver confiança em só dizer a fala, ela ficará cheia. A maioria dos atores não acredita que só precisa falar a fala. Eles acham que o que estão pensando ou sentindo não é o suficiente. Eles querem *fazer alguma coisa*. Eles querem mostrar seu pensamento ou seu sentimento.

Eu quero que o ator diga o que tem a dizer naquele momento, com o mínimo de preocupação possível. Ele precisa deixar que a fala da personagem se transforme em sua própria fala de uma maneira completamente pessoal, sem atuar. Primeiro, ele tem de esquecer a intenção do autor, porque a essa altura o ator ainda não sabe quem é essa personagem e o que o autor realmente quer. O ator é responsável somente pelo que a fala significa para ele naquele instante e o que ela cria nele. Então, ele só pode dizer o que quer dizer, sem embelezar ou tentar consertar o texto.

Olho para o texto, inspiro novamente, expiro enquanto leio a próxima frase: "depois de um mês", inspiro e expiro, penso: "Puxa, só um mês." Olho para a frente e é isso que eu digo com a frase. "Eu consegui falar a língua quase que fluentemente." Eu não me forço a ler a frase toda. Deixo entrar o que for mais confortável, às vezes, só uma frase ou até mesmo uma palavra. Acho que seria bom ser fluente em outra língua, já que adoro viajar. Levanto o olhar e falo o que quero dizer, sem complicar.

O resto da frase é "e as pessoas eram fantásticas". Olhando para a frase, me veio a imagem de índios amigáveis de uma região remota da África ou da Amazônia. Nunca estive nesses lugares, mas não importa, porque neste momento minha imaginação se responsabiliza por isso. "Eles apareciam e nos ajudavam. Ensinavam canções." Quando li para mim mesmo respirando, a imagem veio tão viva na minha imaginação que tive o desejo de cantar algum exercício musical. Antes de censurar esse desejo, improvisei uma musiquinha e uma dança. E, então, dei-as à fala. Era bobo, idiota, mas me fez ficar feliz, e por incrível que pareça, não estava tão errado assim. Quando eu as fiz, não pareceu tão inadequado. Foi a minha reação àquela frase – a minha imagem daquela frase. E a fala é a personagem. Então talvez essa seja a personagem.

Quando tiro as frases do texto, tenho de confiar na atitude que me chega. Uma hora depois, ou até mesmo alguns minutos depois, posso ter uma atitude contrária. Mas não posso ficar julgando. Apropriar-se da fala significa que não preciso justificar o que eu faço. Deixo as palavras, os pensamentos, as imagens me estimularem, então me perco nas frases. Minha imaginação toma conta, e fico conectado com as palavras do autor de uma forma visceral, não intelectual.

Olhei para baixo, rindo, e continuei: "cara, a gente pensava que estava tudo indo muito bem". Enquanto deixava a frase entrar, respirando, senti a decepção que a frase me causava. Deixei a mudança me envolver, e falei a frase.

As possibilidades dos sentimentos que as frases geram são interessantes e energizantes. Olhando para a página, li: "Nós conseguimos escavar todas as latrinas em seis meses e tínhamos de ficar lá dois anos, era o que tinha sido combinado." Vejo isso na página. Inspirando, expirando e pensando. Estamos ferrados. Ninguém em sã consciência assinaria um contrato para construir latrinas. Senti-me um idiota. Lembrei-me de muitas escolhas que fiz em minha carreira, sem realmente saber as condições ou suas consequências. Mas em vez de me alimentar de raiva, a próxima frase, "Foi aí que começamos a perceber que nenhum dos Nglele estava usando as latrinas", me confundiu. Inspirando e expirando, deixei a confusão tomar conta de mim e que me levou para: "Perguntamos para eles o porquê e eles simplesmente nos responderam com um muxoxo." A próxima fala: "Então, começamos a observá-los mais", me deixou interessado. Enquanto inspirava e expirava, me vi num lugar remoto, escondendo-me atrás de latrinas, esgueirando-me entre as árvores para espionar os Nglele. Olhei para o texto e peguei a próxima fala, inspirando e expirando. "Descobrimos que os Nglele usavam suas fezes como fertilizante." Imaginei como seria cuidar de fezes. Li: "Era ouro pra eles." Enquanto inspirava e expirava, comecei a sentir o cheiro das imaginárias fezes de ouro que agora tenho nas minhas mãos, como se estivesse cheirando uma flor delicada. É idiota, eu sei, mas estou me sentindo um idiota. E porque eu sou livre, faço. Sei que se não for bom, eu não vou fazer da próxima vez, porque terei jogado fora essa atitude do meu sistema. Mas preciso expressar meus sentimentos quando eles aparecem, para poder tirá-los um a um, antes de censurá-los. Tenho de confiar tanto nas minhas reações exageradas como nas sutis.

Tirar da página é isso – estar livre para deixar a frase me levar para onde for naquela hora. Faço isso antes de conhecer qualquer coisa melhor. Eu li a peça. Mas essa é a minha primeira leitura verdadeira da peça em voz alta, o início do meu trabalho na personagem. Então errar, ser babaca, exagerado ou simplesmente explorar minhas atitudes com relação ao texto são etapas necessárias. Quanto mais eu "errar" no começo, quanto menos cuidado eu tiver, maior será o meu repertório, maiores serão as possibilidades para a personagem mais tarde.

10 COMO PARAR DE ATUAR

Prefiro jogar fora possibilidades, do que ficar me debatendo para achar cores variadas para ela.

Há pouco tempo quando perguntei para Jennifer Jason Leigh sobre nosso trabalho em *Miami Blues* (O Anjo Assassino), ela falou:

Eu gosto do jeito como você explora as coisas. Tem alguma coisa muito delicada que me permite ser eu mesma no papel e criar uma personagem ao mesmo tempo. O modo como você me levava a respirar a cada frase, me fazendo ficar naquela respiração e deixando os pensamentos virem, sem me forçar a pensar em algo, me fazendo ficar imersa. Só ficar naquele momento e ver o que ele traz.

O que o processo lhe revelou "foi uma quantidade enorme de vida e coisas, que com certeza eu jamais pensaria". Porque não foi um processo cabeça. Foi viver dentro da personagem, "só respirando, deixando sua mente e corpo associarem livremente – e coletando esse material –, você vai ficar surpresa como tudo acontece de uma forma mais orgânica".

Um ator sempre pensa que voltou à estaca zero, mas isso não é verdade. Mesmo atores muito experientes entram em crise no início de qualquer trabalho. Tenho de pedir que sejam pacientes, que deixem a frase chegar neles antes de dizê-la, para ter certeza que é deles mesmo. Glenn Close disse que depois de todos esses anos, ela continua a começar o trabalho de suas personagens, tirando o texto da página. "Tenho tendência a ir muito rápido", ela diz. "E isso me força a ir devagar. Você pode encontrar momentos que funcionem. Você tem de se dar tempo."

Estabelecer uma conexão imediata com o texto foi a chave para Christopher Reeve mudar completamente sua abordagem sobre atuação. Chris se tornou uma estrela muito cedo. Ele me procurou quando sua carreira começou a congelar um pouco. Ele recorda:

Eu sempre estava trabalhando, mas nunca, nunca agarrava realmente o papel; talvez porque eu tenha feito sucesso muito cedo – primeiro na Broadway, com Katherine Hepburn, depois em *Superman*, e só grandes papéis no cinema. Infelizmente, o que acontece quando você é uma estrela e está ganhando toneladas de dinheiro, é que eles param de te dirigir. Eles pensam: "Bom, ele sabe o que ele está fazendo, ele é uma grande estrela." E isso é muito, muito perigoso. Eu era bom para me virar bem em um trabalho e seguir para o próximo. Eu ainda tenho o problema de não estar realmente presente no momento.

Chris lembra quando começamos a trabalhar juntos:

O primeiro trabalho foi me livrar de uma espécie de crítica, uma intelectualização – um hábito de me aproximar da cena como se eu estivesse fazendo uma prova de escola. Tive de abrir espaço para alguma coisa que pudesse ser mais interessante.

Sentamos e lemos de frente para trás, de trás para a frente, simplesmente escutando, olhando o texto para ver a próxima fala, reagindo sem pensar. Nos livramos de qualquer ideia de como poderia ser. Trabalhamos, às vezes, de uma forma exagerada, só para quebrar o ritmo, porque eu estava todo cristalizado, com todas as resistências – tudo estava organizado e havia um monte de ideias de como aquilo deveria ser. Eu lia, e você me parava cada vez que eu fazia algo que tinha planejado, que achava adequado, comportado, que não acontecia imediata e espontaneamente, que não viesse daquele instante. O melhor conselho – o mantra – era "não me importo". Era uma abordagem de texto esquisita, que eu precisava aprender. E o que você sempre disse foi: "Olha, você tem de fazer o que vai fazer e eles vão te seguir." Então, em outras palavras, o que parecia ser descaso meu – "não me importo" – era realmente o começo da liberdade. "Não me importo, não sei o que vai acontecer e não sei o que vai sair de mim – simplesmente não vou me preocupar com isso." Isso foi o maior rompimento da imagem de bonzinho, para me tornar mais inquieto, estar mais no momento e mais ousado na atuação. Quando não nos importamos com o que sai, criamos momentos que sempre funcionam. É como se você abrisse a torneira de uma mangueira e a água começasse a correr. Era isso o que eu realmente precisava. Porque tinha um monte de coisas dentro de mim, mas havia uma espécie de bloqueio por causa desse senso de responsabilidade, e o meu trabalho não fluía.

Acredito que a relação do ator com o que ele fala – seu diálogo, suas palavras – é a conexão mais importante que ele pode fazer. O texto desenterra áreas escondidas no ator, dando-lhe mais riqueza de escolhas e personagens, que por sua vez são estimulados pelos textos de muitos autores brilhantes e diferentes. Ele ensina ao ator que atuação é mais a *exploração de uma personagem que a definição de uma personagem.*

Agora, como o processo pode começar para um ator menos experiente? Ellen Wolf estudou comigo alguns anos e tinha muito treinamento em atuação. Ela é muito talentosa, cheia de emoção e energia. Tem uma ótima cabeça, mas às vezes a usa para se anular. Sua intuição e imaginação estão à sua disposição, mas às vezes ela foge, porque tem medo de confiar nas suas reações. Seu problema sempre foi o desejo de atuar demais.

Dei para Ellen uma cópia de o *Jardim das Cerejeiras*, de Tchékhov, e destaquei o monólogo do terceiro ato: "Você é muito jovem para esse papel", eu disse, "mas vamos tentar". Eu sabia que ela não conhecia a personagem Liuba, e muito menos o monólogo. Ela nem tinha lido a peça. Foi uma escolha minha. Queria que ela não tivesse nada em que se apoiar, a não ser o texto. Nenhuma ideia preconcebida sobre a personagem ou a situação. Não queria que ela atuasse, mas simplesmente reagisse ao que ela via, pensava e dizia. Queria sua palheta limpa para que sua reação fosse pura, imediata, dela mesma. Queria confrontá-la com ela mesma – ela tinha de ter confiança em si. E também que ela se acostumasse a começar dessa maneira.

---

*Jardim das Cerejeiras*, de Anton Tchékhov[*]

ATO II

LIUBA: Quantos pecados! Joguei todo o meu dinheiro fora, como uma louca. Casei com um homem que só uma coisa sabia fazer bem – dívidas. Morreu de champanhe – bebeu até o fim. Pra desgraça minha me apaixonei por outro homem, fui viver com ele e imediatamente tive a minha primeira punição – o golpe me atingiu aqui mesmo... meu filho se afogou aqui, nesse rio. E eu fui embora, fugi para o estrangeiro, para sempre, para não voltar nunca mais, nunca mais ver esse rio. Fechei meus olhos e fugi, desorientada, mas ele veio atrás, implacável, esse homem brutal.

---

Ellen olhou para o texto, respirou, olhou para a frente e disse simplesmente: "Quantos pecados!" Então, ela rapida-

[*] Tradução de Millôr Fernandes, Porto Alegre: L&PM, 1983, p. 37 (N. da T.).

mente olhou para baixo, respirou, olhou para a frente e disse: "Joguei todo o meu dinheiro fora." Repetiu o processo com mais algumas falas, cada vez mais rapidamente.

Eu a interrompi: "Espera. Qual é a primeira frase?"

"Quantos pecados", ela respondeu friamente.

"O quê?", eu perguntei.

"Os meus pecados", ela disse.

"Como assim?"

"Minhas transgressões, as coisas ruins que eu fiz."

"Transgressões?", repeti, não acreditando, como se a palavra fosse de outra língua. O que essa palavra significava para Ellen? Ela estava racional.

"Meus pecados", ela gritou, como se estivesse falando para um surdo. "O que eu fiz de ruim."

"Vem alguma coisa na cabeça?", perguntei.

"Vem", ela respondeu rindo.

"Então é isso que você quer dizer?"

"É, meus pecados", respondeu simplesmente, não rindo mais. Ela estava chegando perto, mas ainda não estava lá.

"Assim, se eu perguntasse: 'Por que você não me conta alguns de seus pecados? Você gostaria?'"

Ela respondeu desconfortável: "Acho melhor não."

"Tudo bem", falei.

E como se uma luz houvesse acendido, ela exclama: "Ah!" e resmunga para si mesma, "quantos pecados". Segue uma longa pausa. Então, ela olha para o texto, inspira e expira, olha para a frente lentamente e fala, quase em confissão: "Joguei todo o meu dinheiro fora" – pausa – "inconsequentemente..." Olha para o texto, inspira e expira, olha para a frente e fala: "como uma louca".

"O que você quer dizer?" perguntei.

"Bem, é fazer tudo de forma exagerada, comprar coisas que eu nem preciso."

"Como o quê?"

"Um monte de equipamento para ginástica... como uma louca", falou, com nojo de si mesma.

"Coisas de que você não precisa?"

"É... coisas malucas", ela falou zangada.

"Respire", lembrei.

"E..."

"Não, respire antes de falar."

Ela expirou. "Casei com um homem que só sabia fazer bem uma coisa…", ela para.

"Solte", sugeri.

"Dívidas", ela continua, ainda com nojo de si mesma.

"Respire e deixe sair."

"Morreu de champanhe."

"Espera. O quê?!"

"Morreu de champanhe. Ele bebia."

"O que ele bebia?"

"Champanhe", ela diz, rindo – um novo sentimento brotou nela. Ri.

"Bebeu até o fim", ela continua. "Pra desgraça minha."

"Respire."

Ela olha para o texto. Parece confusa enquanto respira. "Me apaixonei por outro homem, fui viver com ele." Olha para o texto, inspira e expira, olha para a frente e fala: "E imediatamente", mais alto, "tive minha primeira punição".

Parei, pois achei que ela estava correndo de novo.

"Que frase é essa?"

"Tive minha primeira punição."

"O que você está dizendo?"

Ela dá um tempo e fala: "Essa foi a primeira vez em que fui pega."

"É isso que é para você?"

"É."

"Então é isso que você vai falar."

"Tive minha primeira punição", falava agora entendendo.

"Espera até sentir o que realmente significa para você", digo. "Isso não quer dizer que eu quero tudo cheio de emoção. Você tem de entrar no material para ter responsabilidade sobre a fala. Não importa o que signifique para você. Tudo bem se não for o que Tchékhov queria dizer. Em alguma hora você vai descobrir. Nós dois sabemos que você nunca leu isso. Você não sabe nada sobre isso. É tudo uma grande surpresa para você, ok? Então, não se esconda… não se esconda…"

"Entendi."

"O negócio é aproveitar as oportunidades", continuei, "você respira, olha para o texto, deixa ele entrar e diz o que aquilo significa para você naquele momento, pode ser nada. Mas sempre incluindo..."

"Alguma coisa."

"Isso."

"Champagne?" disse sorrindo.

"Se é isso que significa para você, 'morreu de champanhe', ele morreu bem, então ótimo!" Cheirei um copo imaginário. "Hummm, champanhe." Acho que faria isso. "Se disser isso, então é o que quer dizer, não importa que seja bobo ou trivial. Talvez seja profundo, como quando você falou: 'como uma louca'. Você sabia exatamente o que estava falando... comprar aquelas coisas que você não quer, mas que você tem de ter."

"Entendi", Ellen disse.

"Respire. Próxima fala, pedaço por pedaço."

Longa pausa, enquanto Ellen inspira e expira, "o golpe me atingiu", ela fala e de repente começa a chorar. "Meu filho se afogou, aqui nesse rio." Tenta parar de chorar, mas não consegue, enquanto fala a próxima frase. "E eu fui embora, fugi para o estrangeiro, para sempre, para não voltar nunca mais, nunca mais ver esse rio. Fechei meus olhos!"

"O que você fez?"

"Eu fechei meus olhos... eu só fechei meus olhos... e fugi."

Essa frase saiu com poder real. Quando ela disse "e fugi", pude senti-la desesperada, querendo fugir.

Continuamos o monólogo juntos. Quando Ellen parava de correr e deixava as frases irem por elas mesmas, sua emoção aparecia. Ela foi para muitos lugares enquanto explorava o texto de Liuba, porque estava completamente sintonizada nela mesma. Houve momentos em que ela se perdia e chorava. Outras vezes ficava zangada. Outras, ria dela mesma e de sua idiotice. Às vezes, ela discordava de uma fala e ficava com raiva de ter de dizê-la. Então, ela dizia a fala chateada. Depois de ter lido a peça, às vezes ela já não tinha aquela mesma sensação anterior, mas com paciência, ela aceitava e tentava se expressar, torcendo e revirando o texto de todas as formas, instigando-se sempre.

Vamos, agora, ver o processo de tirar da página uma cena com uma dupla. Como funciona?

A atriz, que aqui vamos chamar de Sofia, me pediu ajuda para o papel da Macha, de *A Gaivota*, de Tchékhov. Ela tinha lido a peça. Começamos a exploração juntos com a primeira cena da peça, Macha e Medvedenko, o professor.

Normalmente, quando os atores se preparam para a primeira leitura de uma cena de uma peça, ou de um roteiro de cinema, eles já leram várias vezes para eles mesmos, mas nunca em voz alta. Durante esse estudo, eles já decidem muita coisa sobre a personagem. Quando todos juntos leem alto pela primeira vez, normalmente enfiam a cara no texto e ficam proferindo suas falas, cada um tentando fazer uma leitura "expressiva" dele. É impossível ter reações verdadeiras, porque eles ainda estão lendo e não têm nenhuma intimidade, nem com o roteiro nem entre eles mesmos.

Quero que o ator chegue para a primeira leitura sem decisões sobre a personagem. Quero que a primeira leitura seja uma exploração aberta, sem crítica, que permita que o ator comece o processo de descoberta da personagem e dele mesmo junto com o texto. Quero que ele simplesmente tire as frases do texto, conectando-se pessoalmente com suas falas e ouvindo o texto da outra personagem. Para ouvir, o ator não deve ler as frases do outro ator. Ele estará lendo, não estará ouvindo.

---

*A Gaivota*, de Anton Tchékhov[*]

MEDVEDENKO: Por que é que você está sempre de preto?

MACHA: Estou de luto por minha vida. Eu sou infeliz.

MEDVEDENKO: Por quê? Não entendo... Você tem boa saúde; seu pai não é rico, mas vive bem. A minha vida é muito mais dura que a sua. Eu só ganho 23 rublos por mês, fora o desconto – para aposentadoria – mas nem por isso ando de luto.

MACHA: Não é o dinheiro que importa. Até mendigo pode ser feliz.

MEDVEDENKO: Na teoria, não na prática: lá em casa, somos minha mãe, minhas duas irmãs, meu irmãozinho e eu, e eu só ganho 23 rublos. A gente tem de comer, não é? Precisa comprar chá e açúcar. E preciso comprar tabaco. Experimenta só pra ver se é fácil.

---

[*] Tradução de Tatiana Belinky (N. da T).

Leio o Medvedenko, a primeira frase: "Por que é que você está sempre vestida de preto?" Inspirando e expirando, olho para a frente e pergunto simplesmente.

Sofia pode me olhar ou não, mas não deve ler a minha frase enquanto eu falo, nem quando estou lendo para mim mesmo. Se Sofia ler, ela não vai escutar, e se ela não escutar, ela não pode reagir, sem sua reação, sua fala não vai significar nada. Escutar é fundamental para haver uma reação verdadeira.

Talvez, enquanto Sofia escuta a fala, ela pense: "Não é da sua conta, ou quem disse que eu só uso preto?" Então, olhando para a primeira frase de Macha: "Estou de luto por minha vida", inspira e expira, pensando, eu conheço o sentimento, principalmente nos testes, quando sinto que não existe a menor chance de passar. Olhando para a frente, ela profere a fala. Então, olha para sua próxima fala – "Eu sou infeliz" e pensa. Isso sou eu hoje, porque odeio o que estou fazendo. Ou talvez ela não esteja infeliz. Isso também é possível, contanto que fale a frase da peça. Macha pode estar relutante ao dizer isso. Ela pode estar irritada com a pergunta. Quem sabe? O importante é perceber para onde a frase e os seus sentimentos levam Sofia naquele momento.

Escuto o que ela diz. Acho um pouco teatral as palavras "luto", "estar sempre de preto". Então inspirando e expirando, olho para o texto, "Por quê?" Estou curioso. Esqueci para onde estava indo, apesar de conhecer a peça muito bem. Então, olho para a próxima fala. "Não compreendo...", tomando cuidado para não correr, respiro e olho para o resto da frase. "Você tem boa saúde." Expiro, olho para a frente e falo a frase. Parece boba para mim. Olho para o texto, inspiro e expiro, deixando a próxima fala entrar, olho para a frente e falo: "Seu pai não é rico, mas vive bem." Sei que isso parece absurdo, mas eu me sinto como um dos meus tios quando falo isso, como um velho. A próxima frase: "A minha vida é muito mais dura que a tua." Respirando, me sentindo um idiota, olho para a frente e falo. Estou meio sem jeito com essa fala. Mas falo o que estou sentindo. Não tenho ideia do que está saindo da minha boca. Não faz mal se não faz sentido. É só uma pesquisa. Vão haver muitas outras. Estou só me relacionando com aquele momento.

"Eu só ganho 23 rublos por mês." Começo a ficar zangado com a autopiedade da frase. "Fora o desconto para a aposentadoria." Quero gritar isso, me sinto tão idiota e com tanta raiva! Olho para a frente e deixo sair, quase gritando. Olho para o texto: "Mas nem por isso ando de luto." Cuspi a frase.

A atriz estava chocada. Olhando para baixo, ela lê: "Não é o dinheiro que importa." Expirando, ela fala isso para mim como se eu fosse um idiota. "Até um mendigo pode ser feliz", ela fala jogando a frase fora.

Enquanto ela está falando, estou pensando: "Mendigo?" Olho meu texto: "Na teoria, não na prática." Falo rápido, brutalmente: "Lá em casa somos minha mãe, minhas duas irmãs, meu irmãozinho e eu." Meu olho pega toda a frase, porque minha mente está indo rapidamente, é difícil desacelerar. "E eu só ganho 23 rublos" sai pipocando de mim, cheio de frustração e raiva. "A gente tem de comer, não é?", falo mais alto. "É preciso comprar chá e açúcar. E tabaco!" Finalmente eu desapego da raiva. Concentro-me na inspiração e expiração para descansar e simplesmente solto a frase: "Experimente pra ver se é fácil." Sinto-me humilhado.

E assim vai.

Pode parecer para os atores iniciantes que eu e outros atores mais experientes temos acesso irrestrito aos nossos sentimentos e fantasias. Mas, algumas vezes, atores em temporada têm dificuldade de explorar seu texto com liberdade, porque seu consciente está bloqueando a sensação de estarem conectados com o que estão dizendo.

Atores são criaturas físicas e é importante que eles se sintam livres fisicamente para que sua intuição e imaginação aflorem na frase. A maior parte do treinamento físico na atuação tem a ver com o não dito – mímica, técnica de palhaço, dança. Uma grande parte do treinamento do ator do teatro de vanguarda, jogos teatrais e métodos de estudo, como o do professor francês Le Coq, dá destaque à improvisação física. Tudo isso é válido. Mas para a maioria dos atores, a simples relação entre o estar fisicamente à vontade e o estar à vontade com o texto é a coisa mais importante. Se o ator sente uma cisão entre seu físico e sua fala, ele ficará bloqueado emocional e criativamente. Tudo o que sentir será consciente e desajeitado, como andar e falar pelo palco ou diante de uma câmera. A falta de conexão fará com que tudo que ele fale, ou qualquer movimento que faça, pareça falso para ele mesmo.

Atores de cinema geralmente tendem a sofrer dessa desconexão. Foi como disse Ally Sheedy, "Eu tinha esse medo de usar meu corpo. A maior parte do tempo a gente não o usa no cinema. Ninguém diz para você mexer seu corpo. Geralmente eles dizem: 'Fica na marca' ou 'Anda daqui para lá e diz a tua fala'. Eu me desconecto do meu corpo e só uso a cabeça".

Lembrem quando mencionei o monólogo do Paul em *Loose Ends*. Ao ler a frase "Ensinavam canções", tive o impulso de fisicalizar uma imagem: eu dancei, cantei e senti que podia tocar as palavras e a imagem. Quando fisicalizei a imagem, ficou mais fácil falar a frase, porque eu me senti conectado com ela, e meu corpo se sentiu confortável. De fato, não percebia nenhuma tensão no meu corpo, pois estava consumido pela própria imagem. Fiz isso não com a intenção de fisicalizar a imagem ou a fala numa performance, mas para explorar o texto e a personagem sem racionalizar. Sempre precisei fisicalizar uma imagem para mim, mesmo antes de falar tirando livremente as frases do texto. Sou muito táctil, então preciso *tocar* a imagem para torná-la real para mim.

Solicitei a um ator que estava com dificuldades em "tirar da página", por ser muito racional, para fazer a mesma coisa. Primeiro, ele olhou para o texto, deixou a fala entrar nele, inspirando e expirando. Então o persuadi a fisicalizar a imagem para si mesmo, de tal maneira que ele pudesse quase tocá-la. Depois de tê-la fisicalizado, ele dizia a fala. Não importa se a fisicalização fica babaca ou não. Não é a cena. E depois que o ator a tiver feito, ele não precisa fazer de novo. Na verdade, na cena, o ator pode simplesmente não se mover. Essa fisicalização para o ator é importante para que ele sinta a imagem no seu corpo, para poder dizer a frase com as palavras do autor. Quando ele tira a palavra do seu corpo, está livre para repetir a experiência ou não, fica a seu critério.

Ally lembra: "Antes de eu falar uma palavra, tinha de fisicalizá-la com meu corpo. Tinha de fazer fisicamente a imagem, antes de verbalizar a palavra. Foi a coisa mais difícil para mim. Era tão estranho usar meu corpo enquanto atuava! Eu já

20 COMO PARAR DE ATUAR

fui dançarina e era como se usasse um músculo em desuso há muito tempo. Mas consegui."

Lembrem-se no início deste capítulo, quando descrevi para Ellen minha reação à fala dela, "Ele morreu de champanhe?" Imitei as borbulhas do copo de champanhe que eu imaginava e cheirava. Esse tipo de fisicalidade nos ajuda a reagir e a sentir ao que estamos falando.

Logo que o ator conecta o físico com a imagem específica ou com um pensamento, ele começa a se libertar, sua fantasia e intuição apareceram. Seu corpo ficará normal para ele, e ele se expressará de uma forma inteira. Não é preciso fazer isso com cada frase ou fala, só naquelas que são mais problemáticas.

Se um ator tem certa dificuldade em se libertar fisicamente, enquanto está tirando o texto da página, peço para ele se mover depois de cada frase – ir para uma outra cadeira, ou cruzar o espaço, se apoiar à parede, sentar no chão, deitar. Quando descansa, inspira e expira, deixa a próxima fala entrar, fisicalizando ou não a imagem, e então diz a frase. Depois de falar, peço para ele trocar de posição de novo antes de ir para a outra fala, e assim por diante. A escolha da marca é arbitrária, o ator deve se mover sem pensar. Ele tem de ficar num *lugar tranquilo*, antes de ler a próxima fala. Dessa forma, a imobilidade também se torna física.

Mesmo Kevin Kline, considerado um gênio na atuação física, teve de aprender a confiar nas suas reações físicas imediatas, porque em princípio elas pareciam exageradas. Ele achava que ia ficar ridículo se atuasse assim. Mas deu uma demonstração inesquecível de como os impulsos físicos e verbais interagem, quando estava ensaiando seu primeiro *Hamlet* no Public Theatre em Nova York. Sentado no meu sofá, Kevin estava tirando "ser ou não ser" da página. Ele olhou para o texto um longo tempo, inspirou e expirou, olhou para a frente e disse calmamente: "Ser", como se tentasse descobrir o que estava dizendo. Em vez de continuar o resto da frase, que, claro, ele sabia, olhou para a frase como se nunca a tivesse visto antes. Inspirou e expirou e olhou para a frente. Não falou nada. Levantou, veio na minha direção e apontou para uma batuta comprida na prateleira, atrás da minha mesa.

"Posso?", perguntou

"Claro", respondi

Ele pegou a batuta e sentou na beira do sofá. Então, com o indicador, ele tocou a carne vulnerável do lado direito do seu pescoço, logo abaixo da mandíbula. Colocou a ponta da batuta lá e balançou a outra extremidade com o dedo médio da mão direita, empurrando-a delicadamente na pele macia do pescoço. A cabeça foi para trás, o pescoço ficou totalmente exposto, inspirou e expirou e disse: "Ou não ser." A frase saiu muito simples, mas com total consciência de como seria fácil empurrar a batuta naquele ponto, como se fosse uma lâmina.

Ele continuou, tirando frase a frase com a batuta no pescoço. Era ameaçador e terrível para ele e para mim.

Kevin precisava de algo para estimular, libertar sua imaginação para que pudesse dizer aquele monólogo e ter responsabilidade sobre ele. Enquanto tirava da página, ele dava tempo para sua cabeça, sua intuição e seus olhos vaguearem. Intuitivamente, sentiu que precisava de um componente físico para esses pensamentos. Foi por isso que ele usou a batuta. Ficando disponível aos pensamentos, aos sentimentos, à imaginação e à sua fisicalidade, o ator fica disponível para fazer descobertas incríveis.

Como o Príncipe Hal fala em *Henrique IV, Parte I*, de Shakespeare, "Os acidentes raros sempre agradam."

## SUGESTÕES PARA A PRÁTICA

Primeiro, praticar, tirar o texto da página com um monólogo e *não* com uma cena. Se você se acostumar a confiar em si mesmo e nas suas reações às falas, vai descobrir que as cenas são muito mais fáceis. Isso é porque, numa cena, o estímulo para a reação vem de fora, do outro ator. Então você é impelido a responder. Mas imergindo num monólogo, apoiando-se somente em si mesmo e no texto, você fica mais forte e independente nas cenas com outros atores. Não ficará a mercê do outro ator. Apesar de você não ter escolha sobre o que ouve, vê, sente e pensa, quando o outro ator está proferindo a fala dele, você é livre para depois reagir e responder, você é livre para ir aonde a frase te levar. Então, quanto mais forte, mais disponível você ficar, melhor será o seu desenvolvimento no final das contas.

Sugiro, para os homens, que comecem com o monólogo de Tuzenbach, no primeiro ato de *As Três Irmãs*, de Tchékhov. Começa assim: "Saudades do trabalho, ah, meu Deus, como eu entendo isso!"

Para as mulheres, sugiro começarem com o monólogo de Irina, também no primeiro ato de *As Três Irmãs*: "Hoje, quando eu acordei...", corta a fala de Romanytch e acaba "se eu não acordar cedo e começar a trabalhar, você pode desistir de ser meu amigo, Ivan Romanytch."

Esses dois monólogos ajudam no começo do trabalho porque são emocionais e têm uma linguagem viva, com imagens para fisicalizar. Os dois monólogos podem também ser ingênuos, bobos, idiotas, divertidos e apaixonados. Se você confiar e deixar as frases e imagens entrarem em você, sem atuar, se verá, passo a passo, entrando nos sapatos da personagem. Não tente falar melhor do que fala. Use sua própria voz, isso o fará ficar em contato consigo mesmo enquanto explora o texto.

Trabalhe nesse primeiro monólogo todo dia, durante pelo menos uma semana, ou até que as frases venham até você sem que seja preciso olhar para o texto. Não tente decorar. Não tente acelerar as falas. Tire o texto da página do início ao fim, até sentir-se esgotado, frustrado ou incapaz de se concentrar. Então, pare de trabalhar no monólogo por um tempo. Não force. Faça outra coisa: vá dar uma andada, tomar um chá ou fazer um lanche. Faça algo para espairecer, não se esgote. Quando estiver mais leve, volte para ele. Faça isso várias vezes por dia, mesmo que só tenha vinte minutos ou meia hora. Você vai observar que a cada vez em que trabalha, tem mais concentração, mesmo num curto espaço de tempo. E, indo e voltando várias vezes, você aumenta a sua concentração, até conseguir trabalhar por períodos mais longos. Treinar a concentração é uma das coisas mais importantes para um ator.

Depois do primeiro dia, leia a peça inteira. Vá devagar. Não tenha pressa em ler. Enquanto lê, continue voltando para o monólogo, tire as falas da página várias vezes por dia. Fique obcecado pelo seu trabalho, é bom para você. Por exemplo, Ellen Wolf me contou que deixava o roteiro na mesa da cozinha.

Ela sempre estava ali por perto, cozinhando, limpando, abrindo as cartas que chegavam, e um monte de emoções explodiam ali: ela cortou o dedo, lia cartas chatas, recebia um telefonema desagradável ou maravilhoso, criava jantares fantásticos ou péssimos. Não importa o que acontecia, ela pegava o roteiro e começava um monólogo ou uma cena. Assim, ela não partia de nenhum lugar específico, pronta para "atuar", mas começava a cena de seu próprio cotidiano, de suas experiências diárias. Isso é um ótimo modo de trabalhar.

Lembre-se: tirar o texto da página não é uma "técnica." Calma! O mais importante: dê-se tempo para inspirar e expirar antes de falar cada frase. Então, fale sem pensar muito. A respiração vai lhe dar muito tempo para registrar o pensamento ou a imagem. Deixe a frase levar você quando ela sair da sua boca. Primeiro, tire a frase do texto em pedaços. Em caso de dúvida, pare, inspire e expire. Aí vá para o outro pedaço.

Não decida nada. Não se apegue ao que funcionou da outra vez. Continue explorando toda vez que você repetir o monólogo. Confie que as coisas que eram boas irão voltar e, as que não funcionaram, vão cair fora.

É mais importante saber o que faz você se sentir livre do que saber o que está certo. É a sensação do livre arbítrio que perseguimos, *não importa* o que funciona ou para onde estamos indo, mas, sim, a sensação de liberdade para testar nossas asas e fazer o que der na telha com a próxima fala.

Se você se sentir "engessado", ou se está pensando muito antes de falar, primeiro tente fisicalizar a frase enquanto a tira da página. Tente se *mover arbitrariamente* para outro lugar da sala, antes de dizer a fala. Sem ler, mova-se (para outra cadeira, para o chão, para a parede), volte para descansar, então olhe o texto, *não* a frase inteira, enquanto respira, fisicalize (ou não) e fale. Faça isso até não mais se sentir engessado ou pensando muito.

Se você está se chateando com o seu trabalho, com o monólogo, tente o seguinte: faça o monólogo todo, do início ao fim, de cinco formas diferentes: com humor, com verdade, com raiva, com ternura, com orgulho, se vangloriando. Finalmente, depois de explorar o monólogo em cada uma dessas formas, faça do jeito que sair. Você pode se surpreender com reações inteiramente diferentes.

Depois de uma semana ou mais com o primeiro monólogo, vá para o segundo. Os homens podem trabalhar o monólogo de Treplev, do primeiro ato de *A Gaivota*, de Tchékhov, que começa "Bem me quer, mal me quer" até "eu adivinhava os seus pensamentos e sofria com a humilhação" (corte a frase de Sorine "não é possível ficar sem teatro").

As mulheres podem trabalhar o monólogo de Helena, do terceiro ato do *Tio Vânia*, de Tchékhov, começando pela frase: "Não há coisa pior do que conhecer o drama de alguém e não poder fazer nada."

Esses monólogos são mais difíceis e complicados, mas devem ser trabalhados da mesma maneira, tirando as frases da página, pedaço por pedaço, respirando e falando o que você sente e pensa, sem se importar para onde está indo ou se está certo ou errado. Deixe cada momento levá-lo, em vez de conduzir cada momento.

Você pode observar que começo com peças de Tchékhov, que muitos acham difícil para jovens atores. Eu discordo. Acredito que esse material é excelente para eles porque as personagens tchekovianas são riquíssimas, cheias de emoção e paixão. Elas podem ser bobas, triviais num momento e poéticas e profundas em outro. Suas personagens são sempre muito verbais. Acho que isso é uma boa introdução para a verdadeira arte da atuação. Os atores trabalham melhor e mais rapidamente com um material instigante – provoca-lhes um grande estímulo. O ator absorverá o que ele entender. Mesmo que seja pouco, será mais útil para o seu desenvolvimento que trabalhar com um texto menor. E uma vez que o ator esteja livre com um texto complexo, com qualquer outro texto será mais fácil.

Depois de uma ou duas semanas, vá para o terceiro monólogo: para os homens, *The Tooth of Crime* (O Sabor do Crime), de Sam Shepard, monólogo de Hoss no primeiro ato, começando: "Uma vez eu conheci esse gato na escola e era crioulo"; para as mulheres, na peça de John Guare, *Marco Polo Canta um Solo,* o monólogo de Diane que começa "Eu comecei a cozinhar quando tinha oito anos."

Esses são tipos diferentes de personagens e monólogos. São bem divertidos e complicados, ricos em imagens que estimulam a imaginação do ator. Você vai ver como são poderosos

# TIRANDO DA PÁGINA

para abri-lo para a fisicalidade, possibilitando a exploração do ultrajante e conectando-o à sua intuição, imaginação e emoções. Depois de um dia ou dois, leia a peça.

Enquanto você trabalha profundamente os monólogos que sugeri, adicione um novo monólogo, a cada dia, para praticar. Repita o novo monólogo duas vezes. No dia seguinte, vá para outro monólogo. Adicione um novo monólogo a cada dia por seis semanas, mas continue trabalhando profundamente nos monólogos originais, lendo as peças e se permitindo crescer com a personagem.

Você verá que o processo fica mais fácil e mais rápido a cada dia, fazendo com que se sinta mais natural e livre cada vez que começa o trabalho num novo texto, ou quando se prepara para um teste.

Abaixo relaciono alguns monólogos que foram muito úteis para jovens atores. Na ordem em que coloquei, sugiro um caminho árduo, mas sinta-se livre para mudar a ordem ou adicionar diferentes monólogos que lhe interessam.

| Homens | Mulheres |
|---|---|
| Anton Tchékhov, *As Três Irmãs* – Tuzenbach – Ato I: "Saudades do Trabalho…" | Anton Tchékhov, *As Três Irmãs* – Irina – Ato I: "Hoje, quando eu acordei…" |
| Anton Tchékhov, *A Gaivota* – Treplev – Ato I: "Bem me quer…" | Anton Tchékhov, *Tio Vânia* – Helena – Ato III: "Não há coisa pior…" |
| Sam Shepard, *O Sabor do Crime* – Joss – Ato I: "Uma vez eu conheci um gato na escola…" | John Guare, *Marco Polo Sings a Solo* (Marco Polo Canta um Solo) – Diane – "Eu comecei a cozinhar quando tinha oito anos…" |
| Michael Weller, *Loose Ends* – Paul – Cena 1: "Foi maravilhoso no começo." | Sam Shepard, *Cowboy Mouth* (Boca de Cowboy) – Cavale – "Eu conheço o ritmo disso…" |
| Anton Tchékhov, *A Gaivota* – Treplev – Ato II: "Tudo começou na noite em que minha peça fracassou…" | Anton Tchékhov, *As Três Irmãs* – Irina – Ato II: "Finalmente estou em casa…" (cortar as falas de Macha e Tuzenbach). |
| Arthur Miller, *A Morte do Caixeiro Viajante* – Happy – Ato I: "Minha única esperança é…" | Michael Weller, *Loose Ends* – Janice – Cena 7: "Como com Russel…" |
| William Shakespeare, *Rei Lear* – Edgar – Ato II, Cena 3: "Eu escutei que fui proclamado…" | William Shakespeare, *Como Quiseres* – Phebe – Ato III, Cena 5: "Não pense que eu o amo…" |
| Eugene O'Neill, *Longa Jornada Noite Adentro* – Edmund – Ato IV: "Não minta!" | Anton Tchékhov, *Tio Vânia* – Sônia – Ato II "Ele não disse nada…" (juntar com "quando uma mulher não é bonita", do Ato III). |
| William Shakespeare, *Romeu e Julieta* – Romeu – Ato II, Cena 2: "Mas silêncio…" | William Shakespeare, *Romeu e Julieta* – Julieta – Ato II, Cena 2: "A máscara da noite…" |

## OUTROS MONÓLOGOS RECOMENDADOS

| Homens | Mulheres |
| --- | --- |
| Arthur Miller, *A Morte do Caixeiro Viajante* – Biff – Ato I: "Depois que eu saí do ginásio..." (cortar a frase de Happy). | Michael Weller, *Loose Ends* – Susan – Cena 1: "Você está fumando outro cigarro? e "Ok, quando eu tinha dez anos..." |
| Sam Shepard, *A Criança Enterrada* – Vince – Ato III: "Eu ia fugir ontem à noite..." | Sam Shepard, *Boca de* Cowboy – Cavale – "Você é tão arrumadinho..." |
| Eugene O'Neill, *Longa Jornada Noite Adentro* – Edmund – Ato III, Cena 2: "Mamãe caminha lá por cima..." | Anton Tchékhov, *A Gaivota* – Macha – Ato III: "Estou contando isso para você porque você é escritor..." (cortar as falas de Trigorine). |
| | Anton Tchékhov, *As Três Irmãs* – Irina – Ato II: "Como nosso Andrei ficou mesquinho..." até "Chorar" (cortar as outras falas). |
| | William Shakespeare, *Noite de Reis* – Olivia – Ato I, Cena 5: "Qual é o seu parentesco..." até o fim do Ato I (cortar as falas do Malvolio). |

Depois de algumas semanas, pode começar a trabalhar uma cena de duas pessoas. No Capítulo 3, você vai achar o modo de preparar suas próprias cenas.

Quando trabalhar com um colega, faça seu próprio trabalho, tirando o texto da página, olhando para frente enquanto ouve o colega. É melhor não impor seu modo de trabalhar. Simplesmente faça o seu trabalho, e deixe o colega fazer o dele. Não fale muito da cena e sobre como tudo vai acontecer. Não é necessário discutir, se você já sentiu. Continue lendo a cena de frente para trás, explorando livremente. Deixe a cena te levar para muitos lugares. Levante quando você achar que deve. Deixe seus movimentos livres, seja arbitrário. Não decore. Se você deixar que as falas cheguem até você, tudo vai acontecer por si mesmo.

Aqui vão algumas sugestões de cenas para serem trabalhadas:

| | |
|---|---|
| Homem/Mulher | Arthur Miller, *Panorama Visto da Ponte*, Catherine e Rodolfo no Segundo Ato II. |
| Homem/Homem | Arthur Miller, *A Morte do Caixeiro Viajante*, Biff e Happy no Ato I. |
| Mulher/Mulher | Anton Tchékhov, *Tio Vânia*, Helena e Sonia no Ato II. |
| Homem/Mulher | Anton Tchékhov, *A Gaivota*, Medvedenko e Macha na cena de abertura do Ato I. |
| Homem/Mulher | Michael Weller, *Loose Ends*, Paul e Susan na Cena 5. Começa "Quer mais?" |
| Mulher/Mulher | William Shakespeare, *Noite de Reis*, Viola e Olivia no Ato I, Cena 5. |
| Homem/Mulher | William Shakespeare, *Medida por Medida*, Isabella e Angelo no Ato II, Cena 4. |

# 2. Explorando o Papel para Revelar a Personagem

> *Atuar é achar a verdade. Algumas verdades são mais importantes que outras. Algumas verdades ressoam e outras são apenas noções intelectuais. Uma boa atuação é aquela em que uma verdade é intelectualmente e absolutamente inspirada, quando alguma coisa pessoal e transcendental move você. É disso que estamos falando. É a verdade que é importante para você, a verdade que é pessoal de um modo mais profundo.*
>
> KEVIN KLINE

Alguns atores gostam de começar de fora para dentro. Como é a personagem? Magra ou gorda, clara ou morena, elegante ou deselegante? A personagem é rica, classe média, pobre? É educada? Como ela fala? Come? Anda? É importante saber tudo isso, e eu sempre falo de todos esses aspectos quando estou fazendo a preparação de um ator. Mas eu não começo por aí.

Atores americanos geralmente são ensinados a começar com o interior da personagem, como Stanislávski fazia. A "arte" que nos ensina a "criar conscientemente e certo" começa com uma análise consciente de suas motivações. Análises do roteiro requerem definições do objetivo da personagem, o que ela quer, em cada cena. Isso motiva a ação dela. Pode haver também vários objetivos menores dentro da cena, que o ator precisa definir em ações que irão levá-lo para seu objetivo maior. Stanislávski insistia, sobretudo, na necessidade de se saber o "superobjetivo" da personagem, seu "objetivo maior vital" na vida ou na peça toda. Ele acreditava que "toda aquela série de objetivos menores e individuais, todos os pensamentos fantasiosos, os sentimentos e as ações de um ator teriam de convergir para o superobjetivo da trama." A análise de uma peça é para detectar os objetivos da personagem, o superobjetivo e o trabalho "consciente" do ator.

Entretanto, todo esse trabalho analítico interfere no acesso do ator ao seu inconsciente e aos seus sentimentos. Ele sabe muito sobre a personagem, e seu pensamento interfere na intuição. Até Stanislávski observa: "Quando o subconsciente, quando a intuição entra no trabalho, temos de saber não interferir." Mas em vez de abandonar a abordagem analítica, ele desenvolveu uma "técnica especial", para recriar no ator as emoções trabalhadas para sua personagem.

A "técnica especial", conhecida como memória emotiva, é mais ou menos assim: o ator procura na sua memória experiências passadas que evoquem reações parecidas com as da personagem. Então, ele entra nas experiências, detalhe por detalhe, para reanimar as reações esperadas, os sentimentos. Ele une isso à sua atuação para que apareça quando for necessário.

A ideia é ser capaz de evocar essas reações consistentemente, nos mesmos lugares, em cada apresentação. Stanislávski cita o grande ator daquele tempo, Salvini, dizendo: "O grande ator [...] tem de sentir a emoção não somente uma ou duas vezes quando está estudando o papel, mas deve sentir com mais ou com menos intensidade cada vez que faz a peça, não importa se for a 200ª apresentação." Então Stanislávski escreve: "Infelizmente, isso não está sob nosso controle. Nosso subconsciente é inacessível ao nosso consciente. Não conseguimos entrar nesse reino. E se por alguma razão penetramos, então o subconsciente se torna consciente e morre." Ele acreditava, no entanto, que podia "acordar o subconsciente com o trabalho criativo", por meio de sua "técnica especial", treinando o ator para produzir consistentemente, com reações autênticas.

Isso foi o que definiram como "método", e hoje há vários professores *experts* nisso, cada um com suas variações. A maioria dos atores americanos começou atuando dessa forma, inclusive eu. Mas logo abandonei esse processo, quando comecei a estudar minha própria atuação e quando comecei a preparar outros atores, apesar do meu grande amor pelo trabalho de Stanislávski. Admiro seu pensamento progressista e radical para aquela época. Ele formulou suas ideias sobre atuação no final do século XIX, quando Tchékhov, Dostoiévski e Strindberg estavam escrevendo e Freud estava à beira de tornar conhecidas suas teorias. Stanislávski desenvolveu sua "técnica especial" em

EXPLORANDO O PAPEL PARA REVELAR A PERSONAGEM 31

resposta ao estilo de atuação comum à época, que era todo ele elegância nos movimentos, na elocução e uma excessiva exposição dramática das emoções da personagem que nem sequer resvalava na sinceridade.

Mas nós não somos filhos de Stanislávski e, como atores e plateia contemporânea, sabemos que atuar deve ser real e natural. A melhor atuação no teatro não deveria ser diferente da melhor atuação no cinema. Para mim, o melhor é a não atuação, personagens reais, cheios de variedades e com uma vida complexa.

Stanislávski diz:

> Não se pode criar de maneira subconsciente e com inspiração. Não existe esse gênio no mundo. No entanto, nossa arte nos ensina a criar consciente e corretamente, porque assim você vai preparar melhor o caminho para o florescimento do subconsciente, que é a inspiração. Quanto mais você tiver momentos criativos conscientes no seu papel, maior chance poderá ter de uma inspiração.

Como atuei numa produção atrás da outra, cheguei a acreditar que isso não era verdade para mim. Em vez de libertar minha inspiração, as escolhas intelectuais conscientes que eu fazia para as minhas personagens me formatavam, fechando minha intuição e os meus sentimentos. Trabalhei muito com a técnica de Stanislávski para achar as emoções que eu precisava, para preencher a personagem, mas ela não funcionava para mim. Empurrava-me para fora de minha verdadeira e livre reação ao texto e ao momento. Ao favorecer mais a memória do que a imaginação, a conexão com meus pensamentos inconscientes, minhas imagens e fantasias foi fechada. Usando a técnica, sempre me sentia fora da conexão íntima do momento do palco ou do *set*. Aquilo me tirava de cena. Sentia-me como se estivesse no meu próprio mundo, à parte da peça e de tudo ao meu redor. E a emoção nunca ficava livre. Eu estava atuando.

Mas quando rejeitei a análise e a técnica, vi que minha imaginação estava solta, plena, disponível de novo e, surpreendentemente, as minhas emoções também, sem trabalhos prolongados de memória emotiva. Eram inspirados momento a momento em que a frase era dita, só usando a intuição e o texto. O melhor de tudo, minha conexão com as palavras que eu proferia era natural, fácil e estimulante.

Nunca briguei com atores que usam o "método" ou qualquer outra técnica, se funciona... Nunca tento mudá-los. Cada ator tem de achar o trabalho que funciona para ele. Eu trabalho com os problemas que os atores apresentam para mim e não com o que está funcionando. Mas muitos atores chegaram com a sensação de estarem com sua intuição e imaginação podadas, assim como eu me sentia. Ou, então, eles chegam com uma vaga sensação de que algo não está funcionando, que estão inadequados, e não é uma questão de técnica. Durante anos, assisti a muitos atores se contorcerem para extrair emoções, não confiando nem por um momento no texto que eles estavam falando naquele instante.

Também acredito que muitos atores que trabalham bastante, não trabalham do jeito que é ensinado. Eles podem não contar. Alguns nem sabem como trabalham, o que pode ser ótimo, porque, desse modo, eles chegam sem nenhum conceito. Mas não trabalham do jeito que é ensinado, porque precisam de um acesso mais livre à intuição e a eles mesmos. Precisam confiar mais neles mesmos que na técnica.

Acho que para a maioria dos atores, o trabalho se processa de uma forma oposta ao "método": se o ator acessa *primeiro* o subconsciente, por meio de uma reação sem censura às palavras da personagem, ele se inspira para explorá-la de uma forma criativa e surpreendente. Acho que é quase impossível para um ator "criar primeiro conscientemente." Na verdade, nos momentos mais conscientes do ator, ele têm *menor* chance de experimentar uma inspiração. Toda vez que pensamos certinho, nossa intuição desaparece. Não temos sentimentos verdadeiros, porque temos de ajeitar nossos sentimentos da forma que vemos a personagem.

Então, como eu penso uma personagem?

Em *A Preparação do Ator*, Stanislávski escreve: "Atuar com seu subconsciente, intuitivamente... é muito bom, *se* sua intuição te leva para o caminho certo, e, muito ruim, se ela erra."

A advertência nos faz entrar em pânico com a possibilidade de errar. Ela reforça o *caminho certo*. Mas o que é o caminho

EXPLORANDO O PAPEL PARA REVELAR A PERSONAGEM          33

certo? Essa é uma decisão intelectual baseada numa técnica mais apropriada para uma sala de aula. Não tem nada a ver com arte. Se o autor é bom, escreve de uma forma intuitiva, criativa. Nós, como atores, temos de lidar com esse texto de uma forma intuitiva e criativa. E quem vai decidir qual é o caminho certo?

Acredito que a "consistência" que Stanislávski tanto valoriza não é necessária ou mesmo desejável. Não vale a pena a perda da espontaneidade, se o ator se preocupar tanto com a consistência. Não vejo a concepção de uma personagem como uma coisa finita. Ela não é uma figura pintada que decidimos durante os ensaios e apresentamos como um produto final para a plateia. A personagem é simplesmente uma série de reações do ator ao texto do autor, uma contínua exploração completamente pessoal do ator, desde a primeira leitura até a última apresentação.

*A personagem tem de estar em você mesmo,* se quiser que a plateia acredite em você e se quer estar vivo e livre a cada momento. As falas sairão por nossas bocas. *Queremos que a plateia se perca no que estamos falando e fazendo*, e que não fique julgando de fora se o ator está fazendo bem ou não a personagem. Então, as falas têm de ser nossas ou a plateia vai nos ver fazendo uma personagem. E em cada momento devemos ser nós, realmente nós, que estamos pessoalmente pensando, vendo, sentindo e falando. É nisso que a plateia acredita e sente. É isso que eu quero dizer quando falo que temos de ter responsabilidade sobre nossas falas.

*Mas o ator não tem de ter essa mesma responsabilidade pela personagem.* A forma com que a ação e as falas vão de uma fala para outra, de uma ação para outra, cria uma personagem. As reações do ator ficam fragmentadas, mudando de momento a momento e a cada ensaio. *Elas chegam juntas como personagem somente para a plateia.* Assim como as falas e a ação, a história se desenvolve diante dela, num espetáculo. *Isso não é o* ator. Os momentos são o ator. A personagem é o texto. O texto, a ação e a história estão completas, acabadas, o ator não. Na verdade, eu acho que nada deve estar acabado e, assim, a personagem e o roteiro ficam vivos. O ator deve explorar continuamente o papel, reagindo livremente ao diálogo antes do ensaio, no ensaio e – eu sei que há controvérsias – *durante a temporada no palco ou filmando.*

É por isso que faço questão de começar um trabalho com a fala, tirando o texto da página e deixando entrar no ator. Como vocês poderão ver, a ideia de personagem é uma extensão do tirar da página. Nós não só começamos lá, como acabamos lá.

Não há diferença para mim entre explorar um papel e fazer uma personagem. Tudo o que faço no treinamento é liberar o ator para explorar a personagem, contínua e espontaneamente. Para mim, isso significa atuação.

Nos últimos capítulos, vou analisar os problemas específicos que o ator encontra no teatro, no cinema e na TV, problemas que bloqueiam a habilidade do ator para explorar mais livremente a personagem. Este capítulo apresenta uma estratégia para maximizar a intuição, a imaginação e as emoções do ator, para ele se tornar a personagem em qualquer uma dessas arenas.

Como atores, estamos sempre procurando a verdade, a verdade da personagem, do roteiro, de nós mesmos. Mas como Kevin Kline disse: "Algumas verdades são mais importantes que outras." A verdade que procuramos é aquela que nos deixará livres para explorar criativamente durante todo o processo, desde o primeiro dia da leitura até o último dia da temporada. É por isso que nem todas as verdades são válidas para um ator, só aquelas que o estimulam pessoalmente.

Quando deixo as falas da personagem entrarem, sinto que estou dentro da personagem tão bem como quando estou comigo mesmo. E uma vez que eu consiga fazer isso, acho que essas personagens sempre falam comigo enquanto estou tirando seus pensamentos e imagens das páginas. Às vezes, elas me falam que estou usando as roupas erradas quando estou dizendo as falas delas. "Por que você está usando esses tênis, quando eu estou falando?", elas dizem, ou, "Por que você está falando tão alto, tão rápido?"

Eu sei que é a minha imaginação brincando comigo. Mas eu escuto. Nunca questiono, porque também sei que é a minha intuição no meu trabalho e eu estou só explorando. *Deixo* a personagem falar comigo, me dizer o que fazer, não só enquanto estou tirando o texto da página, mas quando estou andando na rua ou conversando sobre a personagem com alguém.

Na verdade, quero que isso aconteça. É por isso que começo o meu trabalho verbalizando as frases da personagem. Então, minha intuição e fantasia ficam conectadas com as suas palavras, e assim elas falarão por mim. Parece simples, mas é isso.

Ao mesmo tempo, o ator não pode forçar isso. Escolhas como ritmos e traços de personagem devem ser explorados continuamente, tentando sempre escolhas diferentes, enquanto preparam e realizam o trabalho. As boas escolhas sempre voltarão, mesmo quando o ator não está querendo repeti-las, e as escolhas ruins são tão óbvias para o ator, que ele mesmo é o primeiro a saber. Ele pode ouvir-se ou sentir quando faz um movimento falso.

Precisa ter muita coragem para fechar as coisas cedo. Atores geralmente se sentem pressionados para mostrar resultados. Mas a pressa só faz as escolhas serem mais previsíveis.

Quando você se abre para a personagem, tirando suas falas da página, se dá a chance de afetar-se no início do processo. É isso que o ator precisa para começar o seu trabalho de se encontrar na personagem. Tudo o que acontece no nosso trabalho deve vir diretamente das palavras e ações dela. Mas às vezes a personagem não fala com a gente.

Por exemplo, Bridget Fonda viu-se "passando um mau bocado" quando estava preparando sua personagem, Maggie, em *Point of No Return* (A Assassina). Lemos o roteiro de trás para a frente, de frente para trás, e não estava funcionando. Ela não conseguia achar a raiva por trás das ações de Maggie, tais como matar um policial que estava tentando ajudá-la e sempre criar confusões onde aparecesse. Maggie era jovem, violenta, nada civilizada. Suas falas não tinham verdade na boca de Bridget e o seu comportamento não era crível.

Então, paramos de falar sobre a personagem.

Lembro que descobri a essência da personagem, trabalhando com você. O problema era como você pode sentir compaixão por uma personagem tão cruel? Era muito difícil para mim. Como faço para ter tamanha raiva e um comportamento tão terrível, e fazê-lo honestamente, e ainda assim sentir pena dessa pessoa?

Basicamente, pensei nessa personagem como se ela fosse uma cadela que foi descartada. Ela foi treinada para ser desconfiada, feroz – um filhotinho nascido em um mundo onde alguém vai maltratá-lo mais e mais até ele não confiar em ninguém. Ele se torna um cão de guarda – infeliz, isolado e incapaz de confiar em algo de bom. Ele está arruinado. Mas ainda assim o cão quer pertencer. Não pode. Era dessa condição perfeitamente neurótica que eu precisava. E isso esclarecia tudo completamente. Era a única maneira de conseguir ser todas essas coisas.

Maggie não falava com Bridget porque esta não conseguia "sentir compaixão pela personagem" até esse dia. Uma vez que ela encontrou uma verdade emocional que realmente lhe disse algo [falou com ela], ela entrou em sintonia com a personagem e ficou livre para seguir sua intuição. "Fiquei menos assustada – a ponto de ficar mandona no set. 'Olha aqui, vou mostrar pra vocês' Que é o que você deseja que aconteça nessas horas."

Quando a personagem está realmente falando com você, você está no caminho. Gradativamente, nas reações momento a momento, a personagem vai ficando clara. Há uma sensação da personagem no seu corpo, nas suas reações, nas suas palavras. Mas você não deve forçar isso. Se confiarmos no que ouvimos da personagem e de nós mesmos, o roteiro faz o resto. Vamos senti-lo e não atuá-lo.

Atores sempre querem saber como eu chego a *tomadas* criativas e interessantes nas personagens; personagens que não são parecidas comigo, mas que têm seu dia a dia, seu cotidiano, e que não se pareçam com outros que já fiz. É simples: deixo as falas e as imagens se conectarem com minha imaginação. Não me preocupo com a consistência, me permito reagir momento a momento, pedaço por pedaço, a cada fala e ação da personagem. Portanto, deixo minhas reações me levarem para onde quiserem, errando, jogando fora, até algumas escolhas começarem a se repetir por si só. Então eu sei que está acontecendo alguma coisa. Mas não tento juntar a personagem. Eu a deixo em pedaços. O roteiro e a história juntam-na, assim cada momento meu parece uma tomada criativa da personagem.

Claro, geralmente alguma coisa aparece nesse processo. Posso ver para onde a personagem vai, quando leio o roteiro. Ou acho que sei o que esperam de mim. Ou caio num padrão confortável e familiar de falar e de me movimentar. Ou sinto que já conheço muito bem a personagem, e, acreditem ou não, isso pode ser um problema sério.

## TRABALHANDO A PARTIR DA NEGATIVA

A maneira mais efetiva que conheço para superar esses obstáculos é *trabalhar a partir do negativo*. Para descobrir o que a personagem é, primeiro tenho de descobrir o que ela não é, explorando sem medo e sem censura. Explorar o papel é como esculpir um bloco de mármore. A personagem está em algum lugar dentro do bloco. Tudo o que o ator tem de fazer é se livrar do mármore que não pertence àquilo. O que restar é a personagem, ela própria. Então, o ator é a personagem. E não precisa atuar!

Se durante a exploração, eu achar que fiz a escolha certa para ela, pode ser ainda que não seja a melhor escolha. Mas se eu descobrir que fiz a escolha errada, uma que não funciona, então sei alguma coisa sobre a personagem. A personagem *não* é isso! Quando encontro a verdade, fico íntimo dessa personagem – posso parar de pensar e simplesmente fazer. Mas como eu sei que uma escolha errada está errada? Sei quando a escolha não me afeta em nada. Eu falo e cai mal. Isso tem a ver com a minha intuição de ator. O diretor pode discordar, mas não faz diferença. Se a gente sente que está errado, está errado. Nada vai fazer com que fique certo. Se eu continuar a fazer, vou ter de representar, atuar.

Uma escolha certa, é certa porque acontece alguma coisa dentro de mim. Eu sinto nos ossos. Pode ser que haja uma melhor ainda. Então, continuo explorando.

Quando é que eu sei que a escolha é a melhor? Penso assim: algo que parece certo para a minha personagem, pode aparecer no meu trabalho. Não digo que aquilo já é a personagem, porque ainda estou explorando. Mas se aquilo continuar a aparecer, num certo momento, meu foco fica claro. Sinto o que está embaixo dessa personagem!

Sei e sinto quem é a personagem, mas não como vou fazê-la. Às vezes, a personagem está dentro de mim. Então, não importa a cena que eu estiver fazendo no momento, a *coisa* fica aparecendo na minha exploração, fica atuando inconscientemente na cena também.

Bridget me contou que em *Single White Female* (Mulher Solteira Procura), ela não queria que sua personagem se tornasse uma vítima:

Eu queria fazer uma pessoa que não tivesse nenhuma noção de que estava acumulando responsabilidades demais, muito mais que poderia aguentar; estava nas entrelinhas, havia espaço para isso.

Se havia algo escondido, na hora de tentar fazer um trabalho superficial numa cena, eu podia até esquecer esse meu pensamento mais profundo. Por meio da exposição constante, aquilo ficou enraizado e plantou uma semente na minha alma, que dificilmente desapareceria na cena mais superficial que fizesse.

Geralmente, a melhor forma de começar a trabalhar a negativa é fazer o contrário do que a sabedoria normal sugere. Se vejo o que a personagem deve ser, ou se sei como a maioria dos atores faria aquela personagem, ou se estou fazendo um papel que foi feito por um ator famoso – Marlon Brando em *Um Bonde Chamado Desejo*, ou Henrique V de Laurence Olivier – vou exatamente na direção contrária. Negando o que vejo e o que sei, coloco-me numa terra de ninguém, onde quase tudo é possível, porque só sei o que *não* vou fazer.

Voltando para a personagem de Macha, em *A Gaivota*, de Tchékhov, como exemplo.

Como vimos no último capítulo, a primeira fala de Macha é: "*Estou de luto pela minha vida. Sou infeliz.*" No primeiro ato, ela é descrita por Trigorin: "*Cheira rapé e toma vodka… sempre de preto.*" Ela é filha do administrador frio e orgulhoso. Sua mãe não gosta dele e é abertamente apaixonada pelo Dr. Dorn, que não corresponde. Macha cresceu com Treplev, filho da grande atriz, Arkadina, e sobrinho de Sorin, dono da propriedade. Ela é apaixonada por ele. Mas Treplev mal nota sua existência. O amor não correspondido de Macha é igual ao de sua mãe.

Então é fácil ver Macha como uma deprimida que odeia a vida que leva e está sempre infeliz. É assim que a maioria das atrizes faz a Macha: sombria e chorosa. Pode-se até fazer uma pesquisa sobre a depressão e seus efeitos na personalidade e tentar fazer a Macha desse jeito, reprimindo o que foi descoberto nos ensaios.

Sem dúvida, a depressão é uma característica da personagem. Mas será que é uma verdade que vai sustentar o interesse do ator na exploração e na temporada? Acho que a pesquisa tem o seu lugar, discutiremos isso mais tarde. Mas se aproximar do comportamento de qualquer personagem, como um caso de estudo, me parece medíocre, muito óbvio, muito limitador e nada estimulante. Então nego essa escolha. Assim estou livre para ir mais fundo na minha imaginação, nos meus pensamentos e sentimentos. Quando estou trabalhando com a intuição, uso até coisas que tinha negado a princípio – coisas que descobri com pesquisa, por meio de testemunhos de outros atores ou coisas que rejeitei por serem muito óbvias.

Então, como explorar Macha? Trabalhando com a negativa. Suponha que em vez de odiar sua "vida triste e sombria", ela a compreenda. Está acostumada à infelicidade, cresceu com ela e se sente confortável com ela. Não poderia ver seu amor não compreendido como um detalhe que a faz especial? Uma heroína de romance? Afinal, diferente de sua mãe e muitas outras mulheres, ela bebe e cheira rapé abertamente, o que a difere das outras. Talvez ela se ache individualista e se orgulhe disso – uma mulher quebrando as regras para as mulheres. Ela tem um propósito trágico.

No início do terceiro ato, Macha brinca com Trigorin: "Estou contando isso para você porque você é escritor. Pode se servir". Ela poderia virar a heroína trágica da próxima novela de Trigorin. É, ela está infeliz com seu amor, mas pode ser dramática nisso ou ter pena de si mesma. A bebida permite que ela chore abertamente, ria, tenha raiva uma hora, seja sexy e sedutora em outra. Em vez de ficar lamentando a vida como sua mãe, ela brinca, se diverte sozinha. Acho essa personagem fascinante, pode ser imprevisível – infantil, cínica, pensativa, petulante, realista e ao mesmo tempo perdida em suas fantasias.

Macha continua sua conversa com Trigorin, contando a recente tentativa de suicídio de Treplev. Ela fala: "Honestamente, se ele tivesse se ferido gravemente, eu não conseguiriria viver nem mais um minuto." Na *minha* imaginação, ela ouviu o tiro e correu para Treplev, com medo de que ele tenha se matado por ter perdido Nina. Sua intenção seria dar um tiro em si mesma para morrer ao lado dele, provando assim o seu amor por toda eternidade. A beleza e a tragédia da imagem são fortes ainda para fazê-la chorar. Mas a bala só passou de raspão pela cabeça de Treplev, e seu fracasso no suicídio o levou a encarar sua própria estupidez e raiva interna.

40 COMO PARAR DE ATUAR

"Mas, apesar de tudo sou corajosa", ela fala zangada. "Decidi que vou arrancar esse amor do meu coração, pela raiz", ela tenta parar as lágrimas, "arrancar pela raiz."

Trigorin pergunta: "Como você vai fazer isso?"

Ela toma outro gole, murmura: "Aí vem a Noiva", e responde calmamente: "Eu vou me casar. Com Medvedenko." Ela sabe que é uma escolha idiota, então brinca. Ela comenta sobre essa infeliz escolha que vai ter de fazer. "Amar sem esperança..." e, vai mais fundo na sua dor, "Esperar anos a fio, esperar por que..." e aí, tentando se convencer de que tudo faz sentido: "Mas quando eu me casar, vou ter mais o que pensar e preocupações novas acabam sufocando as antigas." Entretanto, ela é muito esperta para acreditar nisso. Fica chateada com suas próprias lágrimas e fala: "De qualquer maneira, vai haver uma mudança. Vamos tomar mais uma?"

Oh, Deus, como ela precisa de uma bebida. Assim que se serve, percebe a desaprovação de Trigorin e se diverte: "O que é isso! As mulheres bebem muito mais do que vocês pensam. Umas poucas abertamente como eu, o resto bebe escondido e é sempre vodca ou conhaque. Boa sorte." E por aí vai.

Existe uma verdade nos dois jeitos de olhar a Macha. É claro que há outras possibilidades. Mas se formos direto para a análise, estaremos inclinados a uma definição óbvia, e a personagem pode surgir muito intimamente, por meio da exploração de algum sentimento, interesse ou liberdade. Se negarmos essa escolha, podemos descobrir uma segunda possibilidade ou várias. Incertos de para onde estamos indo, permitimos que a nossa intuição e imaginação nos levem para lugares que não esperamos. O mistério da personagem cria possibilidades que darão muita alegria de se explorar.

## USAR A DUPLA NEGATIVA

Trabalhar com o negativo significa não só negar o que você acha que a personagem é, mas também o que acha que ela não é. Por exemplo, se você está fazendo o Stanley Kowalski em *Um Bonde Chamado Desejo*, pode achar que o Stanley é um grosseirão insensível. Mas o único meio de descobrir se ele é insensível, é tentando a possibilidade de que ele seja.

Vamos pegar a cena em que Stanley possivelmente ouve Blanche descrevendo-o como um animal para Stella. Blanche diz: "*Não se retraia com os brutos.*" É possível que Stanley finja que não ouviu para esconder o quanto está devastado por ser descrito dessa maneira, mesmo que seja por uma pessoa de que ele não goste?" Isso pode abrir algumas qualidades interessantes que não estão aparentes. Stanley pode ser um "bruto" com sentimentos delicados – um bruto vulnerável. Se o ator testar, ele vai descobrir. Se não funcionar, o ator vai perceber no corpo e não na cabeça, e vai jogar fora. Mas se pensar que a escolha existe e não tentar, ele vai continuar a representar como sempre pensou. Explore sempre a escolha errada que o leve para algum caminho, que venha na sua cabeça e continue lhe dando impulsos. É como um sentimento reprimido, que devasta até ficar à mostra se relacionando com tudo. Você pode também jogar isso fora assim que acontecer. E, se por acaso essa escolha "errada" funcionar, não vai ser uma boa escolha, mas uma ótima escolha, porque é completamente inesperada.

## FAÇA ESCOLHAS PODEROSAS

Aidan Quinn me contou sobre um ensaio, bem no começo de *Um Bonde Chamado Desejo*, quando ele estava fazendo o Stanley no Circle in the Square. No início da peça, Stanley entra no palco gritando:

> "Ei, você! Stella, minha querida!"
> "Não grite comigo assim", Stella diz.
> "Pega!", Stanley berra
> "O quê?"
> "Carne."

Quando gritava "Pega!", Aidan chegava, abria o zíper das calças, tirava um saco com alguma coisa, que poderia ser carne, e jogava para Frances McDormand, que fazia o papel da Stella.

Todo mundo ria quando ela tentava pegar o pacote voador, imaginando de onde ele vinha. O diretor disse para Aidan:

"Você não vai fazer isso, vai?" Óbvio que não era essa a ideia que ele tinha de Stanley e ele não fez isso no espetáculo. Talvez desse certo. Eu achei que foi uma escolha maravilhosa. Com o fantástico senso de humor de Aidan, aquilo era perfeito para a personagem – ele é rude, mas é engraçado. E tenho certeza de que foi fundamental para Aidan ter feito isso, usando depois ou não. Temos de reagir pessoalmente ao texto, não importa o que venha, que seja bobo para os outros e até mesmo para nós. A única regra é que você não deve jamais machucar fisicamente o outro ator, ou atuar fisicamente de uma forma ameaçadora, invadindo o espaço do outro, tocando-o ou movendo-o, sem antes ter discutido ou ensaiado o encontro físico. Isso não deve ser aceito nem na escola, nem em nenhum espetáculo, não importa qual o tamanho do impulso agressivo naquele momento.

Quando descubro o que a personagem não é, tudo em mim poderia ser a personagem. Então estou livre para fazer o que eu quiser até achar alguma outra coisa que não seja a personagem. Estou num estado de ensaio constante, tentando qualquer coisa que chegue até mim. Não sou cuidadoso. Na verdade, quanto mais eu for arbitrário e transgressor, melhor. Se a escolha não funciona, tudo bem. E se funciona, vai ser simplesmente espetacular.

Quando leio um texto com um ator, gastamos muito tempo, parando para falar o que cada frase significa para ele. Eu o encorajo e o incentivo a ser inapropriado, negar a lógica. Quero que ele vá o mais longe possível. Quando Kevin Kline estava explorando o papel de Otto comigo, em *A Fish Called Wanda* (Um Peixe Chamado Wanda), ele tinha uma fala para Michael Palin, quando eles se encontravam pela primeira vez: "Isso é gagueira."

Pedi para Kevin gaguejar para mim. Eu queria sentir isso e reagir. Quando ele gaguejou, eu me percebi olhando intencionalmente para sua boca. Fiquei chateado e revoltado com o que estava acontecendo com ela e com os sons que saíam de lá. Vi-me imitando sua gaguejada, lendo seus lábios, tentando adivinhar qual era a palavra que ele desesperadamente estava tentando falar. Era tão cruel, tão inapropriado! Mas nós dois percebemos aquele momento. "É isso, isso é o Otto!"

EXPLORANDO O PAPEL PARA REVELAR A PERSONAGEM    43

Kevin continuou no processo de exploração, fazendo escolhas fortes e radicais que apareciam durante o processo. Quando ele estava filmando a cena de sexo com Jamie Lee Curtis, de repente ele puxou as botas dela, jogou fora do quadro, e cheirou suas próprias axilas para se excitar. John Cleese, o autor e coadjuvante, estava em pé perto da câmera. Ele pegou uma das botas e jogou para Kevin enquanto a câmera estava rodando. Kevin agarrou a bota, botou no seu rosto e a cheirou como se estivesse se hiperventilando. Foi uma série de escolhas corajosas que estavam saindo dele. Acho que Otto estava falando com ele, uma coisa perigosa. Não importa o quanto era estúpido ou bizarro, estava certo, tão certo que continuou com a tortura que fez em Michael Palin, enfiando batatas fritas no nariz dele e comendo seu peixe de estimação.

Você não pode se preocupar com a consistência. Algumas vezes, um impulso que parece contradizer o resto da personagem, dá a ela uma profundidade e uma complexidade totalmente novas. Se você tiver uma ideia num certo momento, não a rejeite por ela não combinar com as outras reações da personagem. Tente e veja se funciona. Essa é uma outra forma de trabalhar na negativa.

Em *Dangerous Liaisons* (Ligações Perigosas), Glenn Close fazia a marquesa de Merteuil, uma aristocrata brilhante, poderosa e perigosa, sempre sob controle, sempre com boa aparência e apropriada para as ocasiões. A figura de Glenn era dura como um aço, feroz, espirituosa, sagaz, sensual e impiedosa. Na cena final, a Marquesa tira a maquiagem do seu rosto, olhando para um espelho. O plano era um frio *close*, e Glenn deixou o momento entrar nela. Não recuou desse plano terrível. Em vez disso, revelou a dor de ter sido quebrada pela falta de proteção que é normalmente dada às atrizes: a luz suave, maquiagem perfeita e lindos ângulos de câmera, que a fizeram tão linda no filme *The Natural* (Um Homem Fora de Série). Sua profunda vulnerabilidade, nesse momento, deu maior densidade à sua personagem, expondo a nudez da Marquesa, sem seu *status* social. Éramos forçados a repensar na performance inteira em relação a esse momento. Teoricamente, poderia parecer outra personagem para aquela mulher ameaçadora, mas na prática não era. Foi uma escolha brilhante.

## TIRE AS PALAVRAS QUE ESTÃO NO TEXTO

Quando o ator e eu estamos explorando juntos o texto, digo-lhe para *literalmente tirar as falas*. A maioria dos atores não acredita no que a personagem está falando. Imediatamente, eles procuram um subtexto, o que eles pensam que a personagem está realmente falando, embaixo da superfície da frase. Acho que as personagens geralmente dizem exatamente o que falam, assim como na vida. E, como na vida, as palavras podem carregar um subtexto, que vai ressoar por si mesmo, se eu disser exatamente o que quero falar. Mas se eu tentar atuar o subtexto, vou explicar demais, afastando a personagem da plateia. Sabendo demais, a plateia vai se desinteressar. E eu também. Mas atuar dizendo literalmente o que a personagem fala pode ser muito estimulante, permitindo muitas possibilidades a cada momento. Bom diálogo compartilha o fluxo e a irracionalidade da vida, revelando várias facetas da personagem.

Por exemplo, imaginem eu fazendo Willy Loman, em *A Morte do Caixeiro Viajante*, de Arthur Miller. Na primeira cena, chego na cozinha tarde da noite, carregando duas malas pesadas. Coloco-as no chão:

"Willy!", minha mulher Linda chama do quarto.

"Está tudo bem", falo alegremente. "Cheguei." Tiro essas frases literalmente, nenhum problema.

"Por quê, o que aconteceu?", Linda fala. "Aconteceu alguma coisa, Willy?"

"Não, não aconteceu nada", afirmo para ela.

"Você não bateu o carro, bateu?", ela pergunta obviamente preocupada.

"Eu disse que não aconteceu nada." Fico zangado com a sua suposição. "Você não escutou?" Eu berro, pensando, abra seus ouvidos!

"Você não está se sentindo bem?", ela pergunta suavemente.

"Estou morto de cansaço", falo calmamente para mim mesmo, querendo dizer aquilo literalmente. Quero dormir para sempre e nunca mais acordar. Não consigo continuar. A morte é a única cura para o cansaço que sinto da vida, eu penso.

Faço uma pausa, pensando no que disse. "Não consegui. Simplesmente não consegui, Linda", admito para ela, sentindo-me vulnerável, velho, um total fracasso.

"Onde você passou o dia? Você está péssimo", ela fala.

EXPLORANDO O PAPEL PARA REVELAR A PERSONAGEM 45

Ela me faz rir com sua honestidade, me dizendo como estou péssimo.

"Eu fui até um pouco depois de Yonkers", respondo suavemente. "Parei para tomar um café." Estou pensando... é isso. Deve ter sido o café.

"O quê?", ela pergunta.

"De repente, não consegui mais dirigir", explico. Claro, eu tive uma péssima reação à cafeína. Simples assim. "O carro sempre saía da pista." E foi tudo por causa do café!

"Ah, talvez seja o problema da direção de novo", ela diz. "Acho que Ângelo não entende de Studebaker."

"Não, sou eu, sou eu", falo chateado com a sua sugestão. Eu sei que não é um defeito mecânico. "Percebi que estava a cem quilômetros por hora e não lembro os últimos cinco minutos. E... parece que não consigo focar nada." Estou tão zangado comigo mesmo que tenho vontade de gritar: qual é o meu problema?

"Talvez sejam seus óculos", ela fala, explicando. "Você não foi ver os óculos novos."

"Não, eu vejo tudo", falo, já cheio de suas observações. "Voltei a quarenta por hora. Gastei quase quatro horas", eu cuspo. Neste momento, eu me sinto péssimo por causa de meu comportamento cruel com Linda. Ela só está tentando fazer com que eu me sinta melhor. Por que estou zangado com ela?

Você pode observar o que as frases me inspiram quando eu as tiro uma a uma. Elas estimulam minhas emoções e minha imaginação para ir em diferentes direções, dando profundidade e textura na atuação.

Mesmo um roteiro que pareça trivial pode nos surpreender se o tiramos seriamente. Trabalhando com atores, uso a mesma exploração lenta e paciente para um filme de ação que usaria para uma obra de Shakespeare. O ator e eu conversamos sobre o que acontece em cada cena, pedaço por pedaço, tentando caminhos completamente diferentes. Não estabelecemos nada no começo, porque não sabemos ainda em que nos segurar, mas vamos aprofundando o máximo possível, mesmo quando o texto não tem muita profundidade. O resultado pode ser uma personagem com surpreendente complexidade e extensão, como fez Bridget Fonda na Maggie, em *A Assassina*, ou Mary Elizabeth Mastrantonio, em *The Abyss* (O Segredo do Abismo), ou Aaliyah, em *Romeo Must Die* (Romeu tem que Morrer).

É muito importante investir um tempo explorando profunda e corajosamente. Nunca passar por cima de algo. Não deixe nenhuma fala do diálogo ou nenhum momento sem investigar. Não quero que o ator analise, mas isso não significa que não quero que ele pense na personagem e no texto. Ao contrário, quero o ator obsessivamente apaixonado pela personagem e pelo texto. Mas quero que pense de uma forma que não seja certinha e comportada. Quero que perambule pelos diálogos da personagem, pelos seus pensamentos, sentimentos e experiências.

## QUEBRE O RITMO

Quando Peter Fonda chegou em 1992, ele queria repensar sua atuação. Cedo na sua carreira, ele teve um grande sucesso com *Easy Rider* (Sem Destino), que ele escreveu, produziu e estrelou. Frequentou o Actor's Studio e fez muitos filmes, mas achou que era hora de uma renovação. Por vários anos, trabalhamos em papéis menores, nos quais ele sempre fez belos trabalhos consistentes. Um dia ele me mandou um lindo roteiro, *Ulee's Gold* (O Ouro de Ulisses), a história de um apicultor que morava em Weewahatchee, Flórida. Ele era viúvo e tinha perdido o filho no Vietnã. Sua filha voltava para casa com um filho para tentar se livrar das drogas, o que era uma situação perigosa para todos.

Peter ficou muito emocionado quando leu o roteiro. "Lembro de ter ficado olhando o teto do meu escritório e falando, 'Gostaria de agradecer aos membros da Academia...' E minha mulher falou: 'Não conte isso para a ninguém!'" Ele ficou particularmente impressionado com uma descrição que dizia: "Ulee deixa a sala com uma tristeza gentil." Peter me disse: "Nunca li isso em lugar nenhum, 'tristeza gentil'. O que isso quer dizer? Em nenhum dicionário você encontra isso..." Mas a fala o emocionou. Ele apareceu em meu escritório, com o roteiro na mão, e começamos a trabalhar.

Iniciamos tirando o texto da página, tentando revelar a personagem de Ulee. Como Peter falava, "O que o ator lê na página é totalmente diferente do que ele fala numa história." Intuitivamente, ele sentiu que a história a ser contada era muito especial. "Ela não tinha muitos lances dramáticos. Tudo fluía em uma ação constante", Peter lembra.

Eu percebi que a frase mais importante do filme aparecia no fim. E não era como a frase do *Sem Destino* – "Apagamos ele" –, que é uma frase de maior poder. Aquela era uma frase muito simples. Ulee fala para um dos jovens punks: "Encontrar você, Eddie, me fez muito bem." E Eddie fala: "Como assim?" Ulee responde: "Me fez lembrar que existem todas as espécies de fraquezas no mundo, e nem todas elas são más. Às vezes eu esqueço isso." "Essa era a frase mais pesada da história toda e estava tão lindamente escrita que você não percebia que era a frase mais pesada do roteiro. Mas, para a personagem, era.

Os ritmos de Ulee eram completamente diferentes dos ritmos usuais de Peter. Peter fala rápido. Sua cabeça está ligada o tempo todo, e ele voa de um assunto para outro, como ele mesmo diz: "Estou sempre na tangente." O Ulee tinha uma cadência própria. Ele era lento, com base forte, na terra. "Ele era um homem bem intencionado, que levou uma vida bem específica, de uma forma específica", Peter comenta. "E ele é forçado a tomar um outro rumo e a se envolver com pessoas que nunca pensou que iria reencontrar."

Ulee começou a falar com Peter, e Peter escutou, enquanto tirava as falas do texto, lentamente, não precisando dramatizar porque "as palavras são muito boas", só improvisando e deixando as palavras o levarem. Quando o ritmo da fala de Peter mudou, isso o afetou profundamente. Ele começou a se perceber pensando diferente, não só mais devagar, mas mais assertivo, revelando uma personagem impassível, obstinada, completamente diferente do *self* de Peter, que é rápido, volúvel, "tangencial". Esse Peter ainda estava escondido, transparente, pouco sensível, esperando quieto. E tudo isso veio no começo do nosso trabalho. Ralentar o ritmo deu-lhe espaço para mergulhar mais em si mesmo e deixar a personagem conversar com ele. Foi uma libertação ser alguém, ele não iria precisar atuar. Em vez disso, todo dia no *set*, ele ficava solto, deixando a personagem o levar para onde fosse, sem perder a confiança em si mesmo. Enquanto Ulee estivesse falando com ele, tudo saía fácil.

Às vezes, ele achava a "tristeza gentil" que o emocionara tanto na primeira leitura, deixando-a acontecer quando aparecia, não onde estava indicado no texto. Acontecia antes, quando Patricia Richardson, que fazia o papel de uma enfermeira que alugava um quarto na casa da frente, vinha falar com ele. Ulle lhe oferece chá e ela aceita.

Ela deixa a sala e eu estou lá sozinho e sei o que tenho de fazer, ensaiamos. Tenho de abrir uma gaveta, pegar uma colher, abrir um armário, pegar uma xícara e o pires. Pegar o guardanapo, colocar na mesa, pegar os saquinhos de chá e colocar dentro... Em vez disso... bom, eu fiz isso, mas o que aconteceu foi que eu estava na personagem; como um ator, eu estava livre. Abri a gaveta e peguei uma colher; olhei para a colher e, se pausei, foi meio segundo de pausa, mas eu pensei: "Essa é a primeira vez que eu uso o faqueiro de prata desde que Penélope morreu!" Penélope, minha esposa, tinha morrido seis anos antes da história começar. Então, eu andava, pegava o pires, a xícara, fazia um pequeno barulho, era meu tremor natural e eu pensei para mim mesmo: "Essa é a primeira vez que eu uso a louça chinesa desde que Penélope morreu". Era nessa cena que havia uma "tristeza gentil".

Peter estava somente reagindo ao momento, permitindo-se reagir ao que ele estava falando ou fazendo. Se ele tivesse forçado uma reação, teria estragado a cena. Ele não estava desatento ao que acontecia. "Quando peguei a xícara, dobrei o guardanapo, pus a colherzinha de prata em cima dele, e o saquinho de chá na xícara, ouvi todas as mulheres exclamando: 'Nossa, olha isso!'" E quando ele estava filmando uma das cenas de apicultura, ele ouviu as esposas dos apicultores no *set* sussurrando: "Olha, ele ainda está usando a aliança de casamento!"

Significava alguma coisa para elas, e, quando eu encontro e sinto esses momentos, sei que consegui chegar lá. É essa a droga que não me deixa querer parar nunca de fazer isso, durante toda a minha vida. É esse sentimento maravilhoso de – não é escapar de você mesmo, mas de se alargar – adicionar mais uma característica na *sua* personalidade, mas ao mesmo tempo, aquele não sou eu.

Explorando a personagem comigo, Peter descobriu a força da ternura de Ulee, muito mais que a fraqueza. Ele mostrava sua força mais em sua calma que no seu retraimento. Ele mostrava uma força que na verdade nunca soube que tinha, até ser obrigado a tomar sérias decisões.

EXPLORANDO O PAPEL PARA REVELAR A PERSONAGEM

Foi uma atuação poderosa, que ele nunca tinha feito antes. A personagem de Ulee era tão orgânica que a plateia não via Peter atuando, achavam que Peter Fonda deveria se parecer com Ulee. E ele paradoxalmente não se parecia. Ulle era todo Peter. Todo o povo do cinema ficou estarrecido. Peter recebeu o prêmio Globo de Ouro, como melhor ator em drama, e uma indicação para o Oscar como melhor ator. Recebeu outro Globo de Ouro e o Emmy no ano seguinte por sua atuação em *The Passion of Ayn Rand* (A Paixão de Ayn Rand), em que ele se transformou de modo brilhante num memorável homem que ficava quase invisível.

Os atores sempre me perguntaram como fazer personagens diferentes de si mesmos. Bom, toda personagem tem de ser a gente ou ela não será crível. Vamos atuar. Para fazer personagens que sejam diferentes da gente, de uma maneira crível e interessante, temos de aumentar nosso potencial como atores.

Para isso, temos que nos jogar em ritmos não familiares e até mesmo desconfortáveis, que fazem com que nos sintamos realmente diferentes. Quando não aceito o ritmo normal do ator e o levo para cadências novas e desconhecidas, ele encontra aspectos internos que desconhecia. E esses aspectos se tornam familiares, como se se abrisse para um outro que está vivendo dentro dele.

O ator tem estar sempre recriando, em cada papel. Ele deve ter a coragem de começar a trabalhar numa nova personagem como se ele não soubesse nada sobre ela, nada sobre si mesmo – nada sobre como atuar. Ele precisa aceitar o fato de que não sabe para onde está indo com o novo texto, como vai descobrir e fazer uma nova personagem. Desapegar-se de velhos padrões de atuação e truques é quebrar os seus próprios ritmos de fala e fisicalidade.

Se estou trabalhando em um novo roteiro com um ator que conheço bem, tento ajudá-lo a descobrir um ritmo diferente do seu, e diferente também dos ritmos dos outros papéis que já fez. Faço isso conscientemente tirando-o da zona confortável. Tento distanciá-lo do que já conhece bem. Mais uma vez, trabalho com a negativa.

Ally Sheedy é uma pessoa cheia de energia. Fala rápido e é apaixonada por tudo. Nunca relaxa. Esconder os sentimentos, para ela, é totalmente impossível.

Quando ela fez Lucy no filme *Hight Art* (Retratos Sublimes) era óbvio que os ritmos normais de Ally não iriam funcionar no filme: um jovem editor, inexperiente ainda com publicações de fotos, convence Lucy a aceitar um novo leiaute para sua revista. Os dois começam a ter relações sexuais, o que complica a vida de ambos. Lucy é uma fotógrafa, cujo trabalho é documentar sua própria vida como parte de uma contracultura de artistas e viciados em drogas. Ela saiu fora do mundo da arte descartável depois que um livro de fotos suas fez um enorme sucesso. Ela é misteriosa, reservada. Só percebemos o que está sentindo, se a observarmos muito bem. Ela está sempre pensando, mas nunca sabemos em quê. Lucy é totalmente reservada.

Encorajei Ally a se abrir para um ritmo totalmente diferente do seu. Começamos tirando as frases da página, enfatizando a calma da personagem, sua tranquilidade. Concluímos afinal que um fotógrafo é um observador. E como o assunto é a sua própria vida, pensamos que ela poderia ser quieta para poder observar e não perturbar o que estivesse fotografando. Até a câmera que ela usava, uma Leica velha, era silenciosa. A heroína Lucy fotografa-se e assim ralenta os ritmos de seu corpo.

Levamos esse processo de exploração para o *set*. Ally lembra: "Estar numa cena e não fazer absolutamente nada necessita muita coragem. Você fica pensando: 'Tenho de fazer alguma coisa interessante'. Mas eu me permiti não fazer nada e só pensar naquilo que estava pensando e não falar uma palavra até estar pronta."

No filme, há um momento em que uma jovem bate na porta de Lucy. Ela abre a porta e se apoia nela, olhando diretamente para a jovem como se estudasse seu rosto. Ela não fala nada. É como se, mesmo não estando com uma máquina fotográfica, estivesse sempre compondo uma foto, e agora é um retrato com essa jovem de quem fala tanto. O olhar de Ally é tão forte que em poucos segundos a garota está destruída. Ela não consegue fazer nada até que finalmente Lucy a convida para entrar.

"Para Lucy", Ally me disse, "naquele momento, aquela garota é a porta dos fundos de alguma forma de vida". Era nisso que Ally estava pensando encostada na porta, enquanto observava a garota. "Será que eu quero voltar atrás?" Ally compreendia o que significava ser uma artista que larga uma bela

EXPLORANDO O PAPEL PARA REVELAR A PERSONAGEM 51

carreira para evitar as desagradáveis solicitações da fama e não quer voltar atrás ou, pelo menos, está em dúvida. "Naquele momento, eu estava trabalhando muito e tinha feito muito sucesso ainda jovem", Ally me contou. "Aí, tudo ficou meio sem direção. Queria coisas que eram muito mais complicadas e muito interessantes – não só cinema e ser uma estrela. Me sentia muito frustrada. Descendo ladeira abaixo." Então, ela voltou para Nova York, onde continuou estudando e atuando off-Broadway e em pequenos filmes independentes. Ally não desistiu como Lucy, mas compreendia profundamente a insatisfação dela.

Ally ganhou o prêmio Independent Film Spirit por sua atuação em Lucy, o que permitiu ao público redescobri-la como atriz. Se eles acharam que ela era parecida com a Lucy, estavam completamente enganados. Mas Ally compreendeu Lucy. Mais importante ainda, ela se forçou a largar seus ritmos naturais e achar os de Lucy, incorporando de tal modo a personagem que não conseguíamos mais vê-la atuando.

É curioso quando nos aproximamos de uma nova personagem, achamos que naturalmente vamos mudar nosso ritmo. Mas, na verdade, raramente mudamos, porque ficamos com medo de perder aquilo que sempre funcionou para nós. Isso fica mais difícil nos atores de maior sucesso, porque parece que sempre lhe dão os mesmos papéis. *Mas cada personagem é diferente.* Temos que descobrir a diferença quebrando nossos ritmos confortáveis e criando um novo para cada personagem. E muitas vezes precisamos fazer isso conscientemente.

Esse é particularmente um grande problema para atores que fizeram sucesso com uma mesma personagem numa série de televisão. Candice Bergen, com quem trabalhei no piloto de *Murphy Brown*, fazia uma personagem cujo ritmo era totalmente diferente do seu. Ela fez o papel de Murphy durante nove temporadas, ganhando vários prêmios.

Quando a série acabou, ela foi convidada para fazer um filme em que a personagem não tinha nada a ver com Murphy Brown. Quando trabalhamos juntos, foi com grande esforço que conseguimos sair do ritmo de Murphy. Candice estava tão confortável com aquela personagem que automaticamente ia parar lá. Ela é uma atriz ótima e inteligente, então percebia que a maneira de falar de Murphy não tinha nada a ver com essa nova personagem. Mas, no início, ela não conseguia mexer nisso. Então, começamos a tirar as falas da página juntos, conscientemente rejeitando os ritmos antigos. Ela começou a descobrir um novo ritmo que vinha do próprio diálogo da personagem que estávamos trabalhando – uma mulher solitária, sutil, sensível, que se apaixona por um jovem ligeiramente retardado. Candice gradativamente foi mudando seus padrões vocais, rejeitando a primeira música da frase em sua boca. Em vez de ir para cima, ia para baixo. De vez em quando, descortinava a personagem. Suas emoções estavam livres de novo para corresponderem ao que ela dizia.

Desde então, trabalhamos em vários filmes e, em cada um, Murphy foi desaparecendo cada vez mais. Mas nove anos é muito tempo para uma personagem e sempre brincamos que Murphy está sempre espreitando em algum lugar de Candice, só esperando para aparecer novamente.

Também Bruce Willis chegou há alguns anos para trabalhar comigo em um teste para protagonista de um filme chamado *In Country* (Fantasmas da Guerra). Ele tinha feito muito sucesso na série de TV *Moonlighting* (A Gata e o Rato) e depois em *Live Free ou Die Hard* (Duro de Matar). Mas sua personagem nesse novo filme era bem diferente do que estava acostumado a fazer. A personagem era um veterano do Vietnã, atormentado por *flashbacks* de combates, que lhe dificultavam a reentrada na vida civil. Sua linguagem não era fácil. Suas relações eram complicadas, silenciosas. Ele tinha medo do que havia dentro dele.

Quando Bruce e eu começamos a ler o roteiro juntos, ficou claro que seu ritmo no diálogo estava muito leve para aquela personagem tão atormentada. Pressionei-o para que tirasse as falas pedaço por pedaço, que perdesse um tempo, respirasse, deixasse que o material o levasse para onde fosse. Ele é um ótimo ator e também experiente, entendeu o que eu disse. Mas logo que começou a fazer o que eu estava lhe pedindo, começou de novo a recair em sua forma familiar de dizer as frases. Ele sabia que aquilo não servia para a sua personagem. Mas depois de tantos anos de sucesso na televisão e no cinema não é fácil desapegar-se.

Durante três horas, tiramos as frases da página, enquanto eu repetia várias e várias vezes: "Está demais. Só fale." Trabalhamos até não ter mais nenhum vestígio de *A Gata e o Rato*. Seu ritmo estava totalmente diferente. Seu andar estava diferente, seu pensamento estava diferente. A personagem estava no fundo do poço e Bruce mergulhou fundo em si mesmo para encontrá-lo. No fim, ele disse: "Achei Harold. Eu entendi." E ele entendeu mesmo. Fez o teste para o diretor, conseguiu o papel, e inspirou o maior respeito pelo retrato profundo e poderoso que conseguiu imprimir, tão diferente de seus papéis anteriores. A chave foi quebrar um ritmo que ele achava que não era tão importante assim na atuação.

## DEIXE O TEXTO GUIAR A PESQUISA

Como já disse, não sou contra a pesquisa no processo de trabalho do ator para uma personagem. A pesquisa sempre é necessária para nos ensinar coisas específicas que temos de saber, porque elas são o que a personagem conhece. Mas o ator deve usar sua pesquisa para alimentar sua exploração, e não para limitar sua intuição e imaginação. A pesquisa deve ser usada com bom senso, e o ator deve se apoiar no texto para guiá-lo. O texto nos diz qual é a pesquisa necessária e também quando temos de desistir dela e confiar no texto. Senão a pesquisa pode afundar a personagem, obscurecendo o sentido de sua natureza específica.

Quando Matt Dillon chegou pela primeira vez para trabalhar comigo, foi para fazer *Drugstore Cowboy*. Sua personagem era Bob Hughes, "Realmente uma personagem muito interessante", lembra Matt. "O cara era completamente obcecado por drogas, ficava cego procurando drogas. Então eu mergulhei fundo e fui para a pesquisa." Matt tinha um amigo que estava em recuperação.

Saímos juntos. Encontrei-o num clube em East Village, o paraíso para droga-adictos que mal conseguiam se manter sóbrios duas horas por dia. Eles não se preocupavam em ficar limpos. Você via pessoas, nos corredores, com abcessos abertos. Encontramos caras em cadeiras de rodas vendendo seringas, caras com diabetes. Era muito triste.

Mas assim que fomos explorando o roteiro, a "sensação de escuridão que essas visitas inspiravam era um sentimento diferente do que o roteiro sugeria. As personagens eram Bonnie e Clyde. Eram criminosos profissionais. Era uma gangue. E isso fazia a diferença." O roteiro tinha diálogos compridos, e eu sentia a frustração de Matt fazendo tudo muito escuro, muito pesado.

Sugeri outro caminho. Queria que Matt esquecesse sua pesquisa e deixasse o texto entrar nele, para que, momento a momento, ele deixasse entrar um lado seu mais luminoso. Sugeri que pensasse mais como comédia.

"Foi uma bela sugestão", Matt lembra, "Na verdade, havia uma grande brincadeira naquela personagem. Havia uma coisa meio *I Love Lucy* (Eu Amo Lucy) ou *The Honeymooners* (Os Recém-Casasdos)– aqueles dois casais brigando o tempo todo e perambulando pelo país inteiro, roubando farmácias."

Pedaço por pedaço, fomos desfiando os longos diálogos da página. Matt deixou a coisa ir, e sua inteligência e talento criaram uma personagem charmosa, que se contrapunha ao aspecto sombrio que existe na vida de um adicto. Isso permitiu não só que Matt, mas a personagem, visse o absurdo de sua vida. Sem estar mais atormentado pela sua pesquisa, Matt foi capaz de criar uma outra personagem fora das drogas. Ela trouxe à tona uma pessoa específica – capaz de amar e viver outro tipo de vida. A personagem ficou mais acessível – até mais atraente. Podíamos ver por que ele era o líder daquela gangue de bandidos que perambulavam pelo interior arrombando farmácias. Eles não eram só *junkies*. Gostávamos deles e, ele, ninguém diria que ele era um drogado – uma personagem atormentada, perturbada.

Uma vez Matt contactou a personagem e conseguiu usar sua pesquisa.

Meu amigo tinha me contado histórias e uma vez ele estava fazendo um jantar para sua mulher, e enquanto cozinhava o peixe e os legumes, ele pensou: "Vou lá fora tomar uma dose e já volto." Ele saiu e, quando voltou, a cozinha estava pegando fogo, o casal discutiu muito, botando a culpa um no outro.

Enfim, Matt usou sua pesquisa para informar a personagem, sem perturbar as qualidades específicas dela.

Em *Mulher Solteira Procura*, Jennifer Jason Leigh fazia uma psicótica, que frequentemente assumia a personalidade de sua colega de quarto. Eu estava com medo de que sua pesquisa sobre psicose, apesar de ser ótima e útil, a engessasse, fazendo com que não entrasse na personagem.

"Esse foi um ótimo toque para mim", Jennifer lembra.

Existe uma tremenda confiança e força quando você se distancia da personagem por meio de uma pesquisa. Então, quando você, alguém em quem realmente confio, diz delicadamente para mim: "Só tome cuidado e traga você para cá, porque você está à beira de um precipício", senti como se tivesse sendo trazida para um lugar seguro. Não me senti podada, nem julgada pelo que estava fazendo. Eu me senti livre para usar tudo que tinha feito. Você não disse jogue fora a pesquisa, não serve para nada. Você estava dizendo para eu tomar cuidado e me trazer para a pesquisa.

A atuação de Jennifer foi alucinante, assustadora e totalmente crível. A pesquisa estava lá, ela também. Então, a personagem ficou muito pessoal, muito humana.

O processo criativo precisa desistir da lógica normal. Temos de estar num estado de erro e crítica, no qual conexões diferentes podem ser feitas. A criatividade acontece quando coisas que parecem não pertencer umas às outras formam uma coisa nova, ao se juntarem. É o que chamo de "conclusão ilógica." É isso que queremos em nossa atuação, personagens que não sejam só reconhecíveis, mas também surpreendentes, inesperadas, estimulantes.

Kevin Kline me disse uma vez: "O que aprendi com você foi criar personagens cuja natureza me dava liberdade para fazer o que quisesse. E quanto mais completa a caracterização, mais completa a liberdade." Talvez essa seja só uma parte do truque, conceber uma personagem que não seja somente crível, mas que os atores façam sentindo-se livres.

Eu sei que o processo exige paciência, coragem e concentração até chegar lá. Não tenha pressa. Se você tiver coragem de perder seu tempo no começo, verá que o processo depois será bem mais rápido. Obstáculos sempre aparecem, tanto práticos quanto psicológicos. Tratarei disso no restante do livro: os problemas específicos dos atores, quando estão tentando o melhor.

Mas quando você começa a explorar a personagem de uma forma plena, vagarosa, não se sentirá pressionado no processo de ensaios, seja no teatro ou no cinema. Ao contrário, sentirá uma certa confiança por ter se dado um tempo para estudar o texto com calma. E o melhor de tudo é que você sentirá uma grande alegria e felicidade por ter saído do limbo.

## SUGESTÕES PARA A PRÁTICA

Destaque a personagem de Irina ou Andrei em toda a peça *As Três Irmãs*, de Tchékhov.

Comece a tirar todas as falas de Irina ou Andrei da página, conforme você for lendo a peça do início ao fim. Enquanto você está lendo, escolha alguns momentos importantes da peça para trabalhar mais profundamente. Tente condensar as frases num monólogo.

Para as mulheres, por exemplo, se estiverem explorando a Irina, comecem com dois de seus monólogos que sugeri no Capítulo 1. Partam da primeira cena do primeiro ato: "Por que estou tão feliz?" até "Tenho vinte anos!", cortando as falas de Tibutkin e Olga. Nesse momento da peça, Irina ainda está cheia de esperança, é seu aniversário e aniversário de um ano da morte do pai, então o período de luto acabou. Ela acorda acreditando que finalmente sabe o que quer e o que é importante para sua vida. "O homem tem de suar no seu trabalho." Ela é jovem, ingênua e cheia de energia.

Então, quando Irina entra no segundo ato, alguns anos já se passaram. Junte suas falas começando com "Estou tão cansada..." e acabando em "Quase um ano", cortando as falas de Tuzenbach e Macha. Nessa cena, ela admite que seu trabalho no telégrafo é insuportável e chato. "É um trabalho sem poesia, sem sentido." Ela conta que foi agressiva com uma senhora que estava aflita. "Fui rude com ela sem razão nenhuma. Disse que não tinha tempo."

No terceiro ato, comece com "Como nosso Andrei ficou mesquinho..." junte as falas de Irina, formando um monólogo que acaba em "Por que não me matei até agora." Esse momento de Irina é tão infeliz que ela não consegue imaginar como vai conseguir aguentar – "Chega, Chega!" –, ela tem uma espécie

EXPLORANDO O PAPEL PARA REVELAR A PERSONAGEM

de surto, é o seu ponto mais depressivo da peça: "A vida está me escapando pelos dedos e não vai voltar mais."

No quarto ato, ligue a fala de Irina e Kulyguin: "Se você soubesse como tem sido difícil viver aqui sozinha..." até sua cena com Tuzenbach, quando fala: "Eu nunca me apaixonei na minha vida. Ai, como eu sonhei com o amor, sonhei por muito tempo, dia e noite, mas a minha alma é como um delicado piano que está trancado e perderam a chave." Nesse monólogo, Irina vai da decepção à esperança e depois ao desespero.

Para os homens que estão trabalhando o Andrei, em *As Três Irmãs*, comecem pelo primeiro ato com: "Já chega...", cortem as falas de Verchinin até "Mas a que preço!" Esse monólogo curto introduz os sentimentos complexos de Andrei com relação aos seus estudos e ao pai. Depois, faça outro monólogo, também curto, em que ele revela seu desejo por um verdadeiro amor, começando com: "Meu amor, eu lhe peço..." até "Eu te amo, eu amo você, como nunca amei ninguém antes."

Então, no segundo ato, alguns anos depois, junte na cena de Andrei com Ferapont um importante e diferente monólogo sobre a atual decepção de Andrei com seu trabalho e seu desejo de ter a vida de um acadêmico de Moscou. Comece com "Amanhã é sexta feira...", corte as falas de Ferapont e continue com as falas de Andrei até "Um estranho e solitário."

No terceiro ato, o monólogo de Andrei para suas irmãs, que estão escondidas dele, mas estão ouvindo. Comece com "Eu só vou falar e vou embora..." Corte a fala de Kulyguin e continue até "Minhas irmãs queridas, minhas amadas irmãs, não acreditem em mim, não acreditem em mim." Nesse monólogo, Andrei escuta coisas saindo de sua boca e chega ao ponto de ter de admitir que são mentiras. Esse é o momento mais importante de Andrei na peça.

No quarto ato, junte em monólogo a fala de Andrei para Chebutkyn "Uma esposa é uma esposa..." até "Eu não entendo por que, por que razão, eu a amo tanto ou, pelo menos, amei tanto!" Una com as falas de Andrei para Ferapont: "Ah! Onde está, para onde foi, aquele que era jovem, alegre, inteligente..." até "Eles ficaram idênticos aos corpos lamentáveis de seus pais e de suas mães." Esse monólogo completa o caminho da personagem na peça.

Trabalhar desse jeito traça muito bem o que a personagem é, e vai permitir que o ator explore as complicações dela de uma forma não tão diferente que ensaiar uma peça.

Lembre-se de começar tirando o texto da página, enquanto lê a peça do início ao fim. Então, na medida em que continue a ler e reler a peça várias vezes, trabalhe em profundidade cada um desses monólogos. Primeiro, faça-os em sequência para sentir o fluxo da personagem e suas reações. Depois, trabalhe profundamente cada monólogo durante alguns dias. Trabalhe até as falas começarem a sair de você sem que precise mais olhar para o texto. Contudo, *não decore as falas*! Absorva-as. Então, vá para outro monólogo, para o seguinte e assim por diante... Finalmente, faça todos os monólogos na sequência, de uma vez só. Tente isso por vários dias.

Não fique preso às suas escolhas, mesmo que elas funcionem. Continue explorando novas possibilidades para a personagem e para você. Lembre-se de ir para a negativa quando se aborrecer, tente várias facetas da personagem ou você ficará engessado. Se estiver difícil, tente das cinco maneiras diferentes que já sugeri anteriormente. Force-se a coisas novas e continue explorando.

Se você quiser trabalhar em dupla, pegue as personagens de Paul e Susan em *Loose Ends,* de Michael Weller. Comece tirando todas as falas da página, conforme você for lendo a peça. Na Cena 1, comece do início, que inclui os monólogos mencionados no Capítulo 1. Agora, use-os na cena junto com o seu colega. Continue a cena até a frase de Paul: "Eu não acredito que isto esteja acontecendo. Eu não acredito!" Esse é o começo da relação deles.

Trabalhe, então, a Cena 5 de Paul e Susan, começando com a fala dela: "Quer mais?" Continue até o fim da cena. Esse é um ponto importante da peça, quando eles se separam e se reencontram.

Vá para a Cena 7 desde a fala de Paul: "Eu deveria explicar isso..." até o fim da cena. Corte as falas de Ben e Susan desde "Vocês podem nos deixar sozinhos" até "Tudo que te agradar." Também corte a interrupção de Ben e a resposta de Paul. Você vai ver que essa é uma cena grande, complicada, cheia de raiva, dor, amor e perda. Quando costurada com as cenas anteriores, ela vai ajudar você a se descobrir nessas personagens.

Adicione outras cenas que você queira trabalhar. Volte para a peça inúmeras vezes, tirando o texto da página. Não deixe nada engessar, aceite e confie que tudo vai e volta muitas vezes. É isso que acontece quando você vira uma personagem.

Tente esse processo com várias peças, trabalhando sozinho ou em dupla. *Trabalhe todo dia na sua atuação.* Isso quer dizer que você tem de verbalizar suas falas todos os dias, e não só pensar na personagem. Você vai ver que quanto mais você confiar em você mesmo, quando verbalizar uma fala, sem ter preconceitos ou controle, mais livre ficará, e seja no palco, seja na frente de uma câmera, tendo falas ou não, você terá mais vida naquele momento.

# 3. Eu Quero Este Papel. Como Faço para Consegui-lo?

> *Eu sempre senti que se eu entrar lá e fizer o que realmente sinto, que é o meu melhor, não me importo se sou escolhida ou não, porque simplesmente não sou exatamente quem eles estão procurando. Mas se eu fizer o teste e por alguma razão não der o meu melhor, isso me machuca.*
>
> GLENN CLOSE

Glenn Close odiava testes. A primeira vez que veio me ver, ela havia acabado de fazer um teste para a produção do The Manhattan Theatre Club em *The Singular Life of Albert Knobbs* (A Vida Singular de Albert Knobb) – "Uma peça maravilhosa", Glenn lembra. Ela ficou intrigada com o papel de Albert Knobbs, uma mulher sutil e complexa, que viveu sua vida como um homem. Mas o teste não fazia sentido para ela: "Você entra, lê por cinco minutos, e é isso. Eu comecei a ler, parei e disse: 'Quer saber? Estou perdendo o meu tempo e estou perdendo o seu tempo. Então, adeus.'"

Entretanto, aquele não era o fim da história. "Ocorreu que o fato de eu ter parado e me desculpado foi a coisa mais interessante que aconteceu no teste, durante o dia todo", Glenn continua. "Então eles me pediram para voltar, mas eu não queria voltar até que realmente soubesse o que estava fazendo." Glenn ligou para Kevin Kline e ele indicou meu nome. Quando ela veio me ver, disse: "Eu quero este papel. Como faço para consegui-lo?"

Mal tínhamos começado a ler juntos, Glenn, de repente, começou a chorar e, então, levantou o texto sobre a cabeça e o arremessou no ar. Eu abaixei num reflexo, mas ele caiu no chão a poucos metros de onde eu estava sentado. Apesar de Glenn não se lembrar disso, eu me lembro – foi muito intenso. Contudo, ela se lembra de sua frustração: "Eu estava cansada de me sentir vulnerável e não saber como abordar testes. E eu já atuava há vários anos."

Ela estava tentando desesperadamente entrar na personagem de Albert Knobbs. Como a maioria dos atores, tinha dificuldade em romper a barreira da timidez quando se deparava com um novo papel, como ela descreve no Capítulo 1, e ela precisava de longos períodos de ensaio para construir seu papel. Mas não há tempo para se preparar para testes no teatro ou no cinema e, no teste em si, o ator tem apenas uma ou duas cenas para definir a personagem.

Quando Glenn conseguiu se acalmar, começamos a trabalhar. Disse para ela aproveitar seu tempo para tirar da página. "Só isso", diz ela, "foi fundamental." Foi uma maneira de evitar deixá-la em "uma situação aterrorizante, na qual você não consegue respirar, nem estar consciente do mundo ao seu redor". Percorremos o texto inteiro, frase por frase, pensamento por pensamento, imagem por imagem, durante várias horas naquela noite. Seu trabalho começou a ter uma calma e uma liberdade que antes não existiam. Suas emoções vieram à tona. As falas estavam afetando-a de maneira muito sutil e pessoal. Ela estava realmente começando a encontrar a personagem escondida dentro dela – uma personagem cuja verdadeira identidade como mulher não foi descoberta até sua morte.

Mas este foi apenas o começo do trabalho em cima da personagem. O que fazer sobre o teste no dia seguinte?

Eu disse: "Faça a mesma coisa. Tire da página para eles. Não se preocupe com o que sair. Não precisa ser a mesma coisa que aconteceu esta noite. As falas e as imagens podem afetá-la de maneira diferente amanhã. Deixe ir para onde tiver de ir. O mais importante é você explorar, bem na frente deles, sem ligar se suas respostas estão certas ou erradas. Tire da cabeça atuar para eles. Deixe-os ver como você trabalha, o que te excita. Assim, eles terão vislumbres da sua verdadeira resposta a esta personagem e irão precisar do que você tem a oferecer."

Poucos dias depois, Glenn me ligou para dizer que tinha conseguido o papel. Ela abordou o teste de uma forma totalmente nova. Em vez de pensar no que ela poderia ou deveria fazer, ela explorou o texto, fazendo o que *lhe* interessava a cada fala, a cada momento.

Tendo conseguido o papel, Glenn voltou a trabalhar com a personagem de Albert Knobbs comigo. Ela ganhou um Obie Award por sua interpretação, e durante a próxima década trabalharíamos juntos em quase todos os seus papéis no cinema e no teatro até *Fatal Attraction* (Atração Fatal). Ela nunca voltou a fazer testes como antes, principalmente porque teve um *insight* crucial: "É loucura entrar lá e achar que você vai fazer a personagem." Em vez disso, ela falou:

> Você entra calmamente com um plano, que é: vou ver o que posso fazer. De repente, você está lá fazendo, só que à sua própria maneira. Foi a partir desse momento que eu fui capaz de ir aos testes e dizer: "Quer saber? Eu só vou colocar para fora algumas ideias", em vez de dizer: "Esta é a minha personagem."

Isso te liberta da pressão de conseguir o papel. Ela pôde responder às próprias falas e de outras personagens com intuição e imediatismo, revelando à si mesma as possibilidades de uma personagem muito mais completa. E isso é o melhor que podemos oferecer como atores.

A maioria dos atores ficam atormentados pelos testes, especialmente no início de suas carreiras. Este capítulo é sobre como lidar com os problemas que os atores enfrentam em testes e qual a maneira saudável de pensar sobre o processo. Muito do que eu acredito e recomendo vai contra o pensamento geral sobre o assunto. Mas ao longo dos anos tenho tido muito sucesso preparando atores para testes – com atores jovens e inexperientes e também com os mais consagrados.

Minha crença fundamental é esta: o teste é o começo do trabalho do ator com a personagem – uma livre exploração, que permite que o diretor ou o produtor de elenco veja as conexões que ocorrem pela intuição entre o ator e a personagem. A apresentação é uma exploração informal que o público vê depois de longa e profunda exploração do ator durante os ensaios.

Quando você está se apresentando, pode imaginar que tem um mapa da cidade – e você vai ter de se livrar dele, se quer atuar bem. Quando você está fazendo testes, sabe que não tem um mapa. É ainda muito cedo até para fingir que o tem. Você está perambulando por um novo país e se vê uma rua que parece interessante, deve ter a coragem e a curiosidade para segui-la, sem se preocupar se é uma rua sem saída. Se o ator para de pensar que pode realmente fazer uma performance em um teste, a sua ampla exploração pode ser muito reveladora, tanto para ele quanto para aqueles que o estão assistindo, oferecendo *insights* que não esperava sobre a personagem. Mas primeiro ele tem de estar munido com algumas dicas sobre o que fazer e o que não fazer, para então superar os obstáculos que o separam de sua liberdade.

## IGNORE A DESCRIÇÃO DA PERSONAGEM

A escolha do elenco é uma coisa química: diretores e produtores de elenco têm uma intuição para isso, assim como os atores têm uma intuição para atuar. Eles podem achar que sabem o que querem, mas uma descrição da personagem não significa nada até que observem um ator em carne e osso na frente deles. Nesse momento, eles estão simplesmente reagindo e não podem controlar as suas reações. Depois do teste, até podem intelectualizar sobre o que viram, mas a reação é tudo o que vale.

É necessário que o ator *permita essa reação*. Quanto mais o ator fala sobre a personagem, e quanto mais ele tenta atuar sobre as ideias enunciadas na descrição do papel, menos as pessoas que o observam têm a oportunidade de interagir. Quando todos os atores fazem as mesmas escolhas, e os produtores de elenco veem isso, ficam entediados. O que realmente precisam é ser surpreendidos. Precisam descobrir o ator, bem ali, no teste.

Para que isso aconteça, o ator deve estar aberto e receptivo para o material, isto é, para o texto e o diálogo, como o afetam momento a momento. Sendo isso o início de seu trabalho em cima da personagem, quanto menos decisões forem tomadas antes, maiores serão as possibilidades de surpreender a si mesmo e aos observadores.

A parte mais difícil no teste é sentir-se livre o suficiente a ponto de não se importar para onde você está indo com a personagem ou cena, de modo que aqueles que o observam fazendo o teste tenham a chance de vê-lo explorando, bem na frente deles. A exploração é mais cativante, reveladora e útil que qualquer outra coisa que você possa fazer. Mas o ator muitas vezes é o seu pior inimigo no teste por respeitar demais a descrição do produtor de elenco: o que ele pensa, o que ele quer, a ideia que ele está procurando, além do próprio conceito do ator sobre como a personagem deve ser.

*Não busque as escolhas certas.* Faça o que lhe interessa e o que você realmente acredita naquele momento, porque isso é o melhor que você tem a oferecer. Um teste é sobre como deixá-los ver quem você é, como você trabalha e como o material o afeta. O teste deve ser tanto para você quanto para eles.

## NÃO MEMORIZE

Acredito que é melhor não memorizar as falas para um teste. Sei que não é o senso comum, mas acho que memorizar as falas cria uma preocupação extra: você terá medo de esquecê-las. Você sempre deve ter o texto aberto e na sua frente. Se realmente sabe a fala, então diga-a. Caso contrário, basta olhar para baixo e tirá-la da página.

Vou ainda mais longe: você *nunca* deve tentar memorizar nada!

Se você estiver trabalhando corretamente, saberá as falas simplesmente por ouvir as outras personagens e apenas responderá. Se usar o tempo que perde memorizando para fazer o que recomendo, ou seja, tirar da página, você descobrirá que memorizou as falas sem estar ciente disso. Mesmo longos monólogos vêm natural e facilmente dessa forma porque os pensamentos e as imagens na sua cabeça são provenientes das falas que você tirou da página. Não há nada, portanto, para esquecer.

## PREPARE-SE PARA TESTES TIRANDO DA PÁGINA AS FALAS DE OUTRAS PERSONAGENS

Quando você se preparar para um teste, tire da página, além de suas falas, as falas das outras personagens. Com isso, faça dessas falas o que você está ouvindo ou o que está pensando.

Fale em voz alta. Improvise com elas. Faça associações livres. Verbalize seus pensamentos e sentimentos sobre elas. Na verdade, fique mais tempo nas falas das outras personagens. Faça delas suas palavras.

Em vez de supervalorizar suas próprias falas, trabalhar assim nos obriga a ouvir e estar presente atuando ou fazendo um teste. Ao tirar a atenção de si mesmo e de como você vai dizer sua próxima fala, você estará colocando o foco no outro e, o mais importante, no que ele está falando para você. Como a fala surge em seguida, é uma surpresa. Esse é o começo de uma verdadeira liberdade de atuação.

Suponha que eu esteja preparando um teste para o papel de Medvedenko, o professor de *A Gaivota*, de Tchékhov, e estou estudando a cena de abertura que discutimos no início do Capítulo 1, com a minha primeira fala: "Por que é que você está sempre de preto?" Eu inspiro e expiro, deixando a pergunta girar pela minha cabeça, depois olho para a frente e digo a fala em voz alta, para mim.

Então olho para baixo na fala seguinte. Agora é Macha: "Estou de luto por minha vida." Tiro da página a fala dela, como eu fiz com a minha. Eu inspiro e expiro, olho para a frente, e digo-a. Então repito, tornando meu: "Você está de luto por sua vida?" Eu penso: "Você acredita que sua vida acabou? Por quê?" Deixo a fala dela vagar em meus pensamentos o quanto me interessar. Penso: "Que porra de dramalhão!" Talvez até verbalize isso. Então olho para baixo, para a fala seguinte, "Eu sou infeliz." Repito o processo. Digo: "Você está infeliz?" E então verbalizo meu pensamento: "Você está infeliz com o quê?" Olho para a minha fala seguinte, "Por quê? Eu não entendo…" Eu olho para a frente e digo para mim mesmo. Olhando para baixo eu li: "Você tem boa saúde." Olho para cima e digo, sentindo-me irritado com ela. "Eu que devia estar infeliz", digo. Ela é saudável! E assim por diante.

Repito isso para o restante da cena, dando tempo para verbalizar as falas de Macha e meus pensamentos sobre o que ela quis dizer com elas. Passo mais tempo em suas falas que nas de Medvedenko. Isso me coloca em um estado de atenção. É quase como ouvir. Passar tanto tempo lidando com as falas dela, e meus sentimentos sobre elas, ajuda minhas próprias falas a virem de forma fácil, além de me permitir explorar. Coisas sobre a cena tornam-se evidentes para mim sem que eu tome nenhuma decisão difícil. Se uma ideia aparece, coloco-me à disposição. Não me forço a repetir. Na verdade, cada vez que tiro das páginas as minhas falas e as falas de outras personagens, eu as deixo irem para onde for. Às vezes faço coisas incríveis – grito quando estou dizendo alguma coisa doce, ou faço alguma coisa estúpida que não faz sentido, ou suavemente digo algo que é muito cruel – para me permitir ser arbitrário. Dessa forma, exploro minhas falas e as falas das outras personagens de muitas maneiras diferentes, abrindo-me para uma gama de possibilidades.

## VISTA-SE PARA SENTIR A PERSONAGEM, NÃO PARA PARECER COM ELA

Muitas vezes, os atores se vestem para mostrar ao diretor como eles acham que a personagem deveria parecer. Mas se você é muito detalhista sobre como deve se vestir ou aparentar, pode acabar boicotando a si mesmo e também à personagem. Lembre-se de que você ainda não conhece essa personagem, você está apenas começando a explorá-la. E não há nada mais desconcertante do que ver um ator entrar em um teste de figurino e maquiagem. Parece um ato de desespero e, além de ser amadorístico, não dá espaço para os observadores reagirem.

Então, não pense sobre a aparência da personagem. Em vez disso, use o que torna mais fácil para você sentir-se confortável com as palavras e as falas dela. Deixe a personagem dizer o que vestir ou não vestir. Vista-se para si mesmo, não para o público. Se você acha que deve ser "sexy", vista-se para sentir-se sexy, não para parecer sexy. Confie em sua intuição.

## NÃO SE ESFORCE PARA FICAR EM UM ESTADO EMOCIONAL

Não é raro entrar para fazer um teste e ver atores que não falam nem olham para ninguém. Eles trabalharam duro para atingir o que acham ser o estado emocional necessário para o teste e estão desesperadamente tentando mantê-lo, enquanto passam o texto diversas vezes na cabeça.

Isso não é uma boa ideia, porque, quando o ator entra para o teste, ele pode ter de esperar muito tempo até que tenha a chance de ser visto. Enquanto o ator espera, sua concentração vai se esvaindo. Quando ele finalmente é chamado, não será capaz de ouvir e reagir, por medo de perder o que resta de sua energia. Trabalhando para manter uma emoção, ele perde a verdade do momento.

Não trabalhe para atingir um estado emocional, porque, no final, a emoção será forçada demais. Confie em si mesmo e fique no momento presente. Como Glenn Close diz tão perfeitamente: "Isso é basicamente a coisa mais forte que você pode mostrar: que você ouve, você reage e você mostra que há algo acontecendo entre suas orelhas."

Nota: Você pode encontrar dicas úteis para testes, em "Como atingir fortes estados emocionais" no Capítulo 5.

## CHEGUE COM POSSIBILIDADES

Chegue ao teste com ideias ou possibilidades – apenas poucas delas – que interessam a você. Quanto mais coisas te interessarem, melhor – mas não apareça muito armado. Venha preparado para brincar com elas. Assim, você estará aberto às suas reações no teste e novas opções podem surgir intuitivamente.

Lembro de um teste para o papel do Coveiro em *Hamlet* no Public Theater. Kevin Kline faria Hamlet e não gostou dos candidatos para o papel que ele tinha visto nos testes de elenco. Ele ligou e me pediu para ler. Normalmente prefiro ficar longe de produções em que meus clientes estejam envolvidos, mas nesse caso pensei: "Que se dane."

Tive apenas um dia para me preparar. Enquanto estava sozinho explorando a cena, colocando as falas para dentro de mim e verbalizando-as, intuitivamente pensei: "Não tente ser engraçado, mas permita-se ser irreverente." Mesmo conhecendo a peça muito bem, nunca tinha trabalhado com o Coveiro, exceto para ler com Kevin em sessões de treinamento. Então, para mim, era como o início de uma nova personagem.

EU QUERO ESTE PAPEL. COMO FAÇO PARA CONSEGUI-LO?          69

Pensei: "Eu sou um coveiro. Todos os dias um novo cadáver. Toda vez que eu cavo uma sepultura, mais outro osso. Cavo e cavo, todo santo dia. É só um trabalho para mim." Enquanto explorava as falas, repetidamente, no curto espaço de tempo que tinha, continuei indo para lugares diferentes, às vezes entediado, por vezes lúdico, maldoso, bravo, inteligente, estúpido, mas, curiosamente, sempre indiferente.

Imaginei que, como todo trabalho, cavar sepulturas é provavelmente tedioso. Então tenho que me divertir. Mas como me manter interessado? Enquanto deixava as falas me permearem, percebi que o Coveiro sacaneia as pessoas o tempo todo. Por exemplo, ele zomba da decisão do juiz, quando este diz que Ofélia não se matou para conseguir um enterro cristão para ela. "Aqui tem a água; bom. Aqui tem o homem; bom. Se o homem vai nessa água e se afoga, não interessa se quis ou não quis – ele foi. Percebeu? Agora, se a água vem até o homem e o afoga, ele não se afoga. *Ergo*, quem não é culpado da própria morte, não encurta a própria vida."

Todo mundo fica assustado com cemitérios e morte, mas para o Coveiro, isso é um emprego, por isso ele canta ao escavar.

HAMLET:  Esse camarada não tem consciência do trabalho que faz, cantando enquanto abre uma sepultura?

HORÁCIO:  O costume transforma isso em coisa natural.

HAMLET:  É mesmo. A mão que não trabalha tem o tato mais sensível.

No teste, na sepultura, cantei muito alto e mal (sou um péssimo cantor, mas é divertido ver as pessoas se encolhendo), quando ouvi essas falas. Pensei: Aqui está um "sentimento delicado" – Kevin – para contracenar. No texto, minha rubrica é "Joga um crânio pra cima." Joguei o meu livro no Kevin. Ele ficou surpreso e o jogou de volta. Peguei o livro, olhei a fala, então olhei para a frente e disse: "Esse crânio já teve uma língua um dia e podia cantar." Muito melhor que eu, pensei, sorrindo. Todo mundo riu.

Não tinha planejado fazer essas coisas. Mas quando vim para o teste, podia ver que o Kevin estava um pouco desconfortável comigo lá. Eu estava demonstrando que tudo era possível, que era melhor ele ficar atento comigo. Essa possibilidade veio, como tudo o mais naquele dia da minha improvisação sobre o texto, da minha reação pessoal para tudo o que me tocasse no momento, e algumas ideias que me interessavam enquanto me "preparava." Não sabia de antemão o que ia fazer, então tudo era fresco.

Kevin me ligou para dizer quão assustado ele estava, e quanto aquilo tinha sido revigorante. E fui chamado de volta. No entanto, durante o *call back*, o diretor começou a me dirigir, e vi que ele tinha uma visão diferente da personagem. Era uma visão possível sobre ela, mas que não me interessava. Tentei usar parte disso para ver como me encaixava e, então, voltei do meu jeito a percorrer as cenas. Ele chamou outra pessoa para o papel e, quando vi a produção, ficou claro para mim que o que ele desejava não era algo que eu poderia ter dado autenticamente. Mesmo se eu tivesse conseguido adaptar-me ao que ele sugeriu no teste, não teria tido uma boa experiência atuando na produção, e ele não teria gostado do que escolheu.

## DÊ A ELES MUITAS POSSIBILIDADES

A chave para a um teste é separar-se da multidão – dar aos observadores muitas possibilidades, em vez de tentar agradar ao diretor, adivinhando o que ele quer. Lembre-se: o ator que só se preocupa em estar livre e disponível para suas reações é o ator que vai ser visto.

Diretores gostam de dirigir. Eles estão mais que preparados para oferecer uma direção se você é interessante, mesmo se você está fazendo uma escolha diferente da que eles querem. Mas você não será interessante se não estiver livre. Se o diretor sugere algo, tente fazer. Mas também continue explorando os lugares que são novos para você. Você tem de ir para um monte de lugares, se quiser encontrar o melhor lugar. Todavia, mesmo se apenas uma das escolhas que você fez funcionar, o diretor vai perceber e é disso que ele vai se lembrar.

O que fazer se a direção que está recebendo não faz sentido para você? Basta ir a algum lugar diferente dos que você tenha ido antes. Ou o que você fez não funcionou para o diretor, ou ele não está oferecendo uma direção. Então, seja lá o que você tenha feito antes, *não faça* novamente. Faça outra coisa, até mesmo o oposto do que você fez. Mas faça conscientemente apenas para a primeira fala ou algo assim. Depois disso, tome fôlego e vá para onde quiser, explore. Um ator pode ir bem na primeira ou segunda fala. Depois disso, para continuar indo bem, ele tem que estar totalmente livre. Os diretores irão reconhecer e apreciar a sua liberdade. Eles podem até pensar que a diferença na sua atuação foi por conta da direção deles. E de uma certa maneira, foi mesmo.

Apenas lembre-se: exploração é igual a liberdade. Portanto, não tente agradá-los.

## FAÇA UMA COISA DE CADA VEZ

Se você está lendo, não pode falar. Se está falando ou ouvindo, não deveria ler. Você não pode acessar uma gama completa de reações, se parte de sua mente está lendo e sua boca está se movendo, ou enquanto o outro ator ou o produtor de elenco está falando com você. Quando estou preparando um ator para fazer um teste, sento do outro lado da sala, tirando as falas da página, da mesma forma que peço para o ator também tirar as falas da página. Quando o ator está dizendo sua fala, olho para ele e ouço. Vou saber quando tiver uma fala. O ator vai parar de falar ou algo vai me fazer olhar para baixo.

Ainda mais importante, não me importo com minha próxima fala. Dar uma olhadinha para ela enquanto o ator está falando só me leva para longe das minhas reações, para longe dos meus sentimentos e intuição. Eu preciso ouvir ou não terei nenhuma resposta verdadeira. Deixo a minha reação à fala do ator me levar onde quer que seja. Nunca sei para onde estou indo e não me importo. Então olho para baixo e tiro a minha fala. Minha resposta pode me levar a algum lugar inesperado. Deixo isso acontecer porque é interessante para mim, para o ator na minha frente, e, em um teste, para aqueles que nos assistem. Porque isso é surpreendente. E minha resposta é real.

Sendo assim, enquanto o produtor de elenco está lendo, não leia a fala dele ou a sua. Apenas ouça. Quando ele parar de falar – somente quando ele parar de falar – olhe para baixo e veja sua fala. Então olhe para a frente e fale. Sinta-se livre para deixar sair do jeito que for.

Há muitos anos, fiz um teste para um pequeno papel em um filme de Sidney Lumet. Primeiramente li para a produtora de elenco. Ela disse a sua fala, e eu olhei para ela porque ela estava com a cara na página. Houve um silêncio e, então, ela olhou para a frente. Olhei para baixo, vi minha fala, olhei para a frente e falei. Agora ela estava olhando para mim, quando eu falava. Ela não lia mais a minha fala enquanto eu falava. E assim fomos, com ela olhando para mim a cada vez.

A produtora deve ter ficado satisfeita, porque, mesmo eu sendo muito jovem para o papel, ela me mandou ler para Lumet. Ele também leu comigo. Previsivelmente, sua cara foi para a página. Fiz a mesma coisa que tinha feito com a produtora de elenco. Esperei ele olhar para cima. Então olhei para baixo e vendo a minha fala, olhei para a frente e disse minha fala com ele olhando para mim. Ele sorriu e fomos indo assim.

Quando terminamos, a primeira coisa que ele falou foi: "Harold, fale-me sobre você. Com quem você estudou interpretação?"

Não consegui o papel. Mas o diretor ficou interessado em mim e, por isso, estava curioso sobre quem eu era, de onde eu vinha, com quem tinha estudado. Isso é tudo que podemos esperar de um teste – o interesse do observador por nós. Dessa forma, eles não nos esquecem.

Muitos atores temem que essa forma de trabalhar gere muitas pausas. E daí? Qual é a pressa? Além disso, eles não são estúpidos. Eles veem o ator olhar para baixo para obter a fala. Então é claro que há um pouco de pausa. Eles sabem que o texto é novo para você e que você está no início de seu trabalho em cima da personagem.

E pense nisso: quando você está ouvindo a réplica, o que eles estão observando é você. Quando você está falando, o que eles estão observando também é você, e não um ator com a cabeça enterrada no texto, lendo, esperando a deixa, tentando acertar o tom da próxima fala – em outras palavras, oferecendo uma leitura para a fala. Por mais que esse ator se esforce, ele não dará uma resposta verdadeira. Por quê? Porque ele não estava ouvindo. Ele estava preocupado em não dar pausas. Isso é inútil para quem está nos observando. Não diz nada sobre o ator.

O que você faz se o diretor ou o produtor de elenco pedir para ir mais rápido?

Aqui está um truque simples. Veja a deixa da primeira fala que você dirá. Ataque a fala sem questioná-la. Ou junte suas duas primeiras falas do diálogo para que saiam rapidamente. Faça uma pausa e respire. Então volte a tirá-las da página. Isto irá satisfazer o diretor, porque você pode fazer isso por um momento – para uma ou duas falas – sem ser falso ou tedioso. Se fizer um pouco mais, as reações se tornarão generalizadas, o que leva à repetição e à monotonia. Você não reagirá ao que está ouvindo ou lendo. Você estará pensando em ir rápido.

## TRABALHE COM O QUE ESTÃO LHE DANDO

Geralmente, os atores saem do teste e vêm reclamar comigo: "Quando estou atuando com você, eu me sinto vivo e livre, porque você é um bom ator. Você está me dando alguma coisa com que reagir. No teste, a pessoa que leu comigo era ruim. Não recebi nada dela."

Eu digo: "Muito obrigado, mas isso não é verdade. Você estava recebendo a coisa mais importante – a fala!" Não importa o quão mal a fala é dita. Se o ator está ouvindo e não lendo, as falas vão significar algo para ele. Ele terá uma resposta verdadeira. E assim terá algo a dizer com a sua fala. Na verdade, se a pessoa leu de um jeito estranho, isso pode criar novos sentimentos sobre as falas, sentimentos que o ator não esperava.

O diretor e o produtor de elenco ouvem a fala do ponto, assim como ouvem a fala do ator sendo testado. Mas eles só estão interessados no ator e suas reações. Se o ator está vivo e ouvindo, quando alguém está falando, ou quando ele próprio está falando, isso lhes dará muito mais prazer.

## ATAQUE SEU MEDO

O medo é um grande tema em interpretação. Ele está sempre conosco, não importa o quão experientes nós somos. No início de nossas carreiras, temos medo de não sermos talentosos, profissionais, interessantes, ou sermos simplesmente ruins. Mais tarde, vem o medo de decepcionar os outros e de não sermos merecedores do nosso sucesso. Mas não há nada mais assustador que um teste para um papel. Afinal, todo mundo tem medo de falar na frente de estranhos, especialmente estranhos que estão nos julgando.

Infelizmente, o medo é um sentimento que não podemos usar quando atuamos porque nos incapacita. O medo enfraquece o ator, minando sua confiança em si mesmo e em sua intuição. O medo o impede de arriscar, de parecer idiota e de falhar. O fracasso não é o que nós pensamos – não conseguir o papel. Falhar é ser chato! Assim, maquiar o medo escondendo-se atrás de preparação ou técnica não faz sentido em atuação. Quando estamos atuando, já estamos em um local exposto.

Tudo o que fazemos está sendo visto por aqueles que nos assistem, eles podem ver o nosso medo, podem nos ver nos escondendo, ver a nossa timidez. Eles podem entender e reconhecer as nossas razões para isso, mas não vão aceitá-las porque nosso trabalho como atores é surpreendê-los, entretê-los, despertá-los. Não há onde se esconder.

Se você for para um teste muito preparado, com todo tipo de opções, você terá de realizar todas essas escolhas. Na atmosfera tensa de um teste essa obrigação aumentará o seu medo e matará tanto a sua intuição quanto suas emoções.

A melhor maneira de lidar com seu medo é atacá-lo. Por exemplo, se quando entrar na sala do teste seu medo dominá-lo, faça uma longa pausa logo no início. Não diga sua fala. Deixe o silêncio fazer o produtor e qualquer outra pessoa na sala olhar para cima e parar o que estiver fazendo. Em seguida, tome fôlego e comece.

Ao esperar, você terá desafiado o seu medo. No começo sentirá o medo se intensificar. Mas então ele se dissipará, e você se sentirá forte e livre para fazer o que quiser. Normalmente, os atores não aproveitam seu tempo. Eles pensam que tem de acabar logo com aquilo. Mas isso é o medo agindo sobre eles. Para parar de sentir medo e de ficar pensando muito, ataque a situação logo no início.

Se você está com medo de que não será capaz de soltar a voz, grite a maldita fala. Medo de ficar em silêncio? Sussurre

EU QUERO ESTE PAPEL. COMO FAÇO PARA CONSEGUI-LO? 75

a fala – quase inaudível. Faça todos se inclinarem para a frente para ouvi-la. Com medo de se movimentar? Faça um movimento forte. Com medo de ficar parado? Pare de se mover e fique ali como uma rocha!

O que você teme, precisa ser atacado no momento em que percebê-lo. Não o faça com receios. Após o ataque, inspire e expire. Em seguida, vá para outro lugar – qualquer outro lugar – para que você não fique preso ali, onde está. Vá para a escolha oposta ou para qualquer outra escolha diferente. Não importa se você está certo ou errado, se a escolha é inteligente ou estúpida. O que importa é que isso vai livrá-lo de seu medo. Você será livre e se fortalecerá.

Você não pode atuar quando estiver se sentindo fraco. Você realmente não pode fazer nada quando está se sentindo fraco. Você perde o poder de atuação – de ação.

Lembro do meu primeiro teste como profissional. Foi para diversos papéis em uma companhia de repertório, incluindo o papel de Cabot na peça de Eugene O'Neill, *Desire Under the Elms* (Desejo Sob os Olmos). Estava com medo, pois achava que não daria conta de uma personagem tão poderosa, e eu não tive quase nenhum tempo para preparar.

Estava no palco. Tinha acabado de ler uma cena de *A View from the Bridge* (Panorama Visto da Ponte), de Arthur Miller, em que eu estava andando por todo o palco, cheio de raiva e de lágrimas no final. Respirei fundo, segurando o texto de O'Neill na mão. Olhei para baixo por um momento. Eu podia sentir o medo crescendo em mim – o medo de que não teria nada para essa personagem. Então, ataquei o meu medo não fazendo absolutamente nada por um longo tempo. Fiquei parado. Não disse uma fala nem me mexi. O silêncio era incrivelmente intenso. Finalmente, disse a primeira fala. Fala por fala, desafiei a mim mesmo. Deixei vir o que estava lá – o que eu sentia – nada mais. E foi isso que eu disse com a fala. Fiz tudo parado.

O diretor me disse depois, "Quando você fez o Cabot, apenas ficou lá parado e falou o texto. Ninguém fez isso. Foi muito poderoso vê-lo lá, simplesmente em pé, com o livro. Eu sabia que você poderia interpretar essa personagem e muitas outras." Entrei nessa companhia por causa desse papel, justamente pelo

## COMO PARAR DE ATUAR

que eu tinha mais medo de fazer: o teste. A melhor maneira de lidar com o medo é atacá-lo!

## ASSUMA O CONTROLE DO TESTE

Esta é uma estratégia ousada, mas às vezes muito eficiente, como Mariel Hemingway uma vez descobriu.

Mariel tinha um teste para o filme *Creator* (*Criador*), em que ela faria uma jovem durona que devia seduzir um gênio (interpretado por Peter O'Toole). O diretor e o produtor de elenco não queriam que Mariel fizesse o teste. Eles achavam que era meiga demais. Seu agente insistiu para que a vissem. Eu disse a ela: "Não há jeito de eles te chamarem para este papel, a menos que você assuma o controle do teste." Na verdade, disse-lhe que ela precisava fazer com que o diretor e o produtor sentissem um pouco de medo dela, de modo que eles não tivessem mais certeza de quem era Mariel Hemingway ou o que ela iria fazer. Se eles vissem a Mariel que conheciam, não iriam contratá-la.

Ela me perguntou como poderia fazer isso. Eu disse: "Quando você entrar, se sua cadeira estiver lá, diga para si mesma, 'Acho que não eu quero sentar aí', arraste a cadeira – sem dizer nada para eles – por toda a sala, para um outro ponto que a coloque em uma relação diferente com quem você vai falar. Então, continue fazendo coisas que digam: 'Este é o meu teste e eu vou fazer o que eu quiser!' Faça-os descobrir que diabos você está fazendo. Porque se eles não estranharem, você não vai conseguir o papel."

Ela conseguiu.

Jon Bon Jovi teve um problema semelhante em seu primeiro teste para um filme pequeno, dramático, chamado *Moonlight and Valentino* (O Jogo da Verdade). O diretor não queria fazer o teste com Jon, convencido de que o público nunca seria capaz de enxergar um tranquilo pintor de paredes atrás do astro do rock internacional. Mas Jon finalmente conseguiu ser visto e, no teste, ele teve a coragem de não atuar. Simplesmente explorou as cenas do roteiro, sem um traço de atuação. O diretor ficou surpreso pela facilidade e simplicidade de Jon: ele viu um cara com uma natureza doce e gentil, que era apenas um mero trabalhador. O Jon que eu conhecia, e aquele que o diretor descobriu, era, de fato, perfeito para o papel (que ele, enfim, conseguiu).

Uma vez, Kevin Kline, involuntariamente, me proporcionou um excelente exemplo da eficácia de diferentes abordagens para um teste.

O cineasta Alan Pakula ligou para Kevin após vê-lo em *The Pirates of Penzance* (Os Piratas de Penzance), na Broadway. Ele disse ao Kevin que dirigiria um filme baseado num romance de William Styrons, *Sophie's Choice* (A Escolha de Sofia), e estava seriamente considerando Kevin para o papel de Nathan. "É uma personagem maravilhosa", disse ele. "Eu não quero falar muito sobre isso." Alan disse que tinha mais alguns meses antes de tomar qualquer decisão sobre o elenco e gostaria que Kevin lesse o romance enquanto isso: "Então a gente conversa mais."

"Eu disse que iria ler o livro e ligaria quando terminasse", lembra Kevin.

Eu sou o leitor mais lento do mundo. Fui lendo e quanto mais eu lia mais percebia que a personagem era uma espécie de gênio! Ela sabe tudo sobre medicina, matemática, história, literatura, arte e música. Pensei: "Quanto mais eu demorar na leitura deste livro, mais o Alan vai pensar o quão burro eu sou, e menor será a chance que tenho de conseguir o papel, mas eu não consigo fazer leitura dinâmica. Eu tenho de mentir e dizer que li e adorei, arrumo uma sinopse do livro e converso com alguém sobre ele". Felizmente, enquanto eu estava lendo e me preocupando, Alan estava ocupado fazendo outro filme e eu acho que ele nunca teve tempo de imaginar que eu era um analfabeto.

Pakula disse a Kevin que ele não precisaria fazer um teste para o papel. Mas, como Kevin e eu conversamos sobre a situação, ficou claro para mim que ele *deveria fazer* um teste para o diretor. Meses se passaram e nada havia sido decidido. Ninguém havia telefonado para o seu agente. Naquele momento, Kevin ainda tinha de fazer outro filme. Muitos atores de grande nome, com reputação muito maior que a dele, queriam a personagem, afinal, era um ótimo papel em um filme importante. Mesmo sabendo que Pakula gostava dele, Kevin queria tornar impossível para o diretor não o chamar para o papel.

Então Kevin insistiu em fazer o teste ou como ele lembra: "Harold insistiu que eu insistisse." Ele e eu começamos a preparação, que se transformou em dois dias de luta sobre o que fazer. Kevin disse que ele "queria estar com tudo decorado e ser capaz de arrebentar." Isso é como a maioria dos atores acham que devem abordar os testes. Eu queria que ele fizesse o contrário. Queria que ele explorasse o papel na frente de Pakula – "apenas improvise com as falas, tire-as da páginas, pouco a pouco."

Meu raciocínio não era teórico. Kevin estava acostumado a trabalhar no palco, explorando profundamente o papel no ensaio, semanas antes das apresentações. Tentar "atuar" o papel de repente, na frente do diretor, no início de seu trabalho, o faria se sentir apressado. A pressão de ter tão pouco tempo iria quebrar-lhe as pernas. Ele pensaria em resultados – algo que nunca fazia no palco. Não seria o mesmo Kevin que Alan Pakula veria nesse teste.

"Nós conversamos sobre as armadilhas de se interpretar um gênio", lembra Kevin. "Eu o queria fazer 'corretamente', queria fazer alguém que usasse óculos e uma gravata. Queria fazer uma série de escolhas clichês que diriam: 'Eu sou o gênio.'"

Eu acreditava que o gênio estava no roteiro e Kevin apenas tinha de sair do caminho. O que eu vi quando Kevin tirou as falas da página, é que Nathan não tinha de parecer um Einstein, cheio das excentricidades de um gênio. Nathan era um esquizofrênico, que poderia ser quem ele quisesse ser, a qualquer momento. A intuição de Kevin voou para todas as direções, levando-o a escolhas magnificamente estranhas. Suas reações naturais eram incrivelmente rápidas, conduzindo a frase para um lugar tão inesperado e tão real, pessoal e brilhante, que essas mudanças repentinas de comportamento pareciam perfeitamente normais. Mas elas não vieram de forma lógica. E isso era a personagem.

Qualquer tentativa de organizar esse comportamento bizarro teria sido muito óbvia, não atraente e desinteressante para o filme. Você pode analisar a personagem, mas nunca encontrará o território desse jeito. Tem que ser impulsivo. Tem que acontecer de alguma forma subliminar ou o público vai pegá-lo atuando, rapidamente.

Falei a Kevin que se Pakula o visse trabalhando no roteiro como eu tinha visto – livre, inventivo, absurdo e inteligente –

EU QUERO ESTE PAPEL. COMO FAÇO PARA CONSEGUI-LO?

ele saberia que Kevin seria o único ator que poderia escalar. Kevin nunca foi mais "Nathan" do que quando estava fazendo tudo o que ele queria fazer no momento. Mas isso exigia dele uma completa confiança em si mesmo e em sua intuição.

Após dois dias de trabalho comigo, Kevin foi para o teste. Fiz com que ele prometesse que iria começar tirando da página.

Ele me ligou no dia seguinte, do saguão do prédio da Paramount, em Nova York. Ele saiu do teste e telefonou para o seu agente, este acabara de falar com Alan Pakula, que lhe telefonou para dizer: "Diga a Kevin que o papel é dele."

O que aconteceu no teste?

Kevin sentou-se e começou a tirar da página. Ele me disse que Pakula ficou feliz com o que ele fez. Então Kevin perguntou se ele poderia fazer novamente. É claro que Pakula estava interessado em ver mais. Então Kevin fez a cena novamente. Desta vez, ele fez do seu jeito – movimentou-se, disse as falas decoradas – "fez para arrebentar."

Quando ele terminou a cena, houve uma pausa. Depois de alguns segundos, Pakula disse: "Eu gostei mais da primeira." Então ele pediu para Kevin ficar e ler o resto da sua personagem em voz alta com o produtor de elenco. Ele queria ouvir o papel com as reações de Kevin. Kevin tirou o restante do roteiro da página e conseguiu o papel.

Era cedo demais para Kevin tentar atuar naquele teste. Ao atuar, estamos dizendo para o diretor – é isso, deve ser assim. Mas no começo, certamente não sabemos como deve ser. E pode ser assim até o final. Se confiarmos na exploração do texto, então revelaremos ao diretor quem somos em relação a esse material. Se estamos atuando, revelamos apenas a nossa "ideia" sobre a personagem. O diretor pode não ver o ator por trás da atuação.

O que Kevin fez quando tirou da página e explorou o roteiro foi basicamente o que ele fez no filme. Ele era todo intuição – como Nathan. Ele explorou as cenas na frente de Pakula sem se importar para onde iria com elas – sem atuar. As falas o levaram a lugares desconexos que, no momento, eram totalmente verdadeiros para Kevin. Pakula viu que se pudesse filmar o Kevin, e os diversos Kevins das brilhantes explorações, ele reuniria uma personagem extraordinariamente brilhante, esquizofrênica, assustadora, engraçada, charmosa, delicada, masculina e sempre imprevisível. Ele entendeu que para o filme fazer sentido, o público teria de amá-lo da maneira que Sophie o amava.

Obviamente, não importa quão bom você é em um teste, você ainda pode não conseguir o papel. Lembre-se, um bom diretor não vai te escolher se ele não precisar de *você*, mesmo que o considere um ótimo ator. O diretor tem uma visão do trabalho e suas necessidades devem ser satisfeitas com a escolha certa para ele. Não tem nada a ver conosco, os atores. Às vezes, podemos surpreender um diretor ao revelar lados de nós mesmos que não sabíamos possuir, ou empolgá-lo com uma visão da personagem na qual ele não pensou que fosse possível. Mas tudo o que podemos fazer é dar o nosso melhor e deixar às pessoas que nos escolhem fazer o mesmo.

E se estamos sempre fazendo o nosso melhor, vamos estar preparados quando o papel certo aparecer.

Andie MacDowell veio a mim quando ninguém queria contratá-la. Durante um ano e meio ela vinha, semana após semana, para trabalhar interpretação e se preparar para testes. Depois de alguns meses, ela estava arrasando. Seus testes começaram a mostrar o quão talentosa ela era, e as pessoas que a observavam ficavam impressionadas. Mas ainda assim ela não conseguia nenhum papel e agora estava com medo de nunca mais atuar.

Eu disse: "Seja paciente. O papel certo virá. E eles terão que ter *você*." Então *Sex, Lies and Videotape* (Sexo, Mentiras e Videotape) apareceu, com um diretor novo, quente, Steven Soderbergh. Ela fez o teste, e Soderbergh ficou louco para tê-la em seu filme. Ele conseguiu o que queria. E ela conseguiu o papel. Ela estava preparada.

Esteja preparado!

## SUGESTÕES PARA A PRÁTICA

Além das cenas referidas no Capítulo 1, aqui estão mais algumas para testes:

EU QUERO ESTE PAPEL. COMO FAÇO PARA CONSEGUI-LO?    81

| | |
|---|---|
| Homem / Mulher | Noel Coward, *Private Lives* (Vidas Privadas) – Sibyl e Elyot – Ato I. |
| Homem / Mulher | Neil Simon, *Barefoot in the Park* (Descalços no Parque) – Paul e Corie – Ato I: "Corie... cadê você? |
| Homem / Homem | David Mamet, *Speed the Plow* (sem título em português) – Gould e Fox – Ato I: "Quanto dinheiro a gente consegue fazer?" até "Mas não tá cheio". |
| Mulher / Mulher | Arthur Miller, *Panorama Visto da Ponte* – Beatrice e Catherine – Ato I: "Ouça Catherine. O que é que você vai fazer consigo mesma?" até "Ok". |
| Homem / Mulher | Sam Shepard, *A Lie of the Mind* (Mente Mentira) – Frankie e Beth – Cena 1. |
| Homem / Mulher | Clifford Odets, *Golden Boy* (Menino de Ouro) – Lorna e Joe – Ato I, Cena 4. |
| Homem / Mulher | Tennessee Williams, *Summer and Smoke* (Anjo de Pedra) – Alma e John – Cena 4: "Quero ver o seu pai" até o fim da cena. Cortem o Dr. Buchanan e Rosa da cena. |
| Homem / Homem | David Mamet, *American Buffalo* (Búfalo Americano) – Don e Bob – Ato II, do começo da cena até "Ensine a mim e ao Fletcher". |

## As cenas seguintes são de filmes:

| | |
|---|---|
| Homem / Mulher | *Some Like It Hot* (Quanto Mais Quente Melhor) – Joe e Sugar – Cena 3. |
| Homem / Mulher | *East of Eden* (Vidas Amargas) – Abra e Cal – Cena 1. |
| Homem / Mulher | *Funny Lady* (sem título em português) – Billy e Fanny – Cena 1: "Estou feliz em vê-la, Fanny", até "Tenho que usar o John, garoto..." |

# 4. Durante os Ensaios e em Temporada

> *Harold me ensinou que, durante os ensaios, você tem de se permitir ser bobo. Você não deve se julgar. Tem que deixar o bom gosto de lado.*
>
> KEVIN KLINE

## EM ENSAIOS

O teatro tem um processo de construção que permite ao ator desvendar a personagem: o ensaio. Geralmente são quatro ou cinco semanas de ensaio antes de o ator encarar uma plateia. Nesse tempo, a peça inteira tem de estar encenada com luz, figurinos, cenário, música, sons e os efeitos especiais necessários. Mais que tudo, o ensaio permite ao ator explorar as possibilidades da personagem com os outros atores e o diretor.

"O luxo de ensaiar, para mim, é descobrir todas as maneira de como fazer a personagem", Kevin Kline me disse durante nossa discussão sobre ensaio. Ele continua: "Não deixar nenhuma porta fechada. Não se negar a fazer o que possa parecer inapropriado."

No teatro, o ensaio é o lugar para arriscar, para errar. Isso é sempre um conflito para o ator, que fica com medo de parecer estranho para o diretor, produtor e outros atores. Ele pode até ter medo de ser despedido. Mas, quanto mais cuidadosos formos no ensaio, menos repertório nossas personagens terão durante a temporada. Se o ator não explorou bastante a personagem no ensaio para confiar inteiramente em sua performance, ele vai se dar mal quando houver plateia. Esse é um problema muito grave.

Um ator deve explorar a personagem pedaço por pedaço, momento por momento, durante os ensaios. Ele descobre o que funciona ou o que não funciona, ainda não se prende a nada e fica livre para continuar a exploração durante a temporada. Se o ator errou completamente lá atrás, no início dos ensaios, a exploração será mais completa ainda.

Para se pensar durante o período de ensaios: quando estamos trabalhando em casa, exploramos por nossa conta, intuitivamente, com a nossa fantasia e também com a nossa pesquisa. Nos ensaios, há outros atores oferecendo estímulos que nos afetam. No dever de casa temos de estar completamente disponíveis para nós mesmos e, nos ensaios, totalmente disponíveis para os outros atores. Mas o grande lance é estar disponível para nós mesmos durante os ensaios. Podemos ser empurrados de um lado para o outro pelos estímulos de outros atores ou pelo diretor; podemos nos perder de nós mesmos. Mas somente nós somos os responsáveis pelo nosso trabalho.

A função do diretor é colocar a peça em pé durante os ensaios, de uma forma coesa, que conte a história com muita clareza e ritmo. A função do ator é fazer cada momento de sua personagem na peça ser um momento crível, interessante e instigante. Acho que o trabalho do ator é explodir o momento. O trabalho do diretor é continuar os momentos. Podemos ver a potência desse conflito. É um conflito necessário para a peça ser interessante e agradável ao público.

## SEJA CORAJOSO

Quando ofereceram para Kevin Kline um papel em um musical da Broadway, em 1978, *No Século XX*, ele me consultou se devia ou não aceitar. O papel era de um amante charmoso de uma senhora, inspirado um pouco nos filmes da década de 1930. O roteiro falava pouco de sua personagem, então Kevin não tinha muito em que se basear. Harold Prince era o diretor, a partitura e o libreto eram de Comden e Green, a música de Cy Feuer e Madeleine Kahn estrelava.

## DURANTE OS ENSAIOS E EM TEMPORADA

"Qual o problema?" perguntei. "Você tem outro trabalho?"

"Não", ele disse. "Mas o papel é chato."

"Ele tem de ser chato?"

Houve uma pausa.

"Certo!" finalmente Kevin falou.

Ele decidiu fazer.

Mas enquanto Kevin esperava os ensaios começarem, só pensava na chatice do papel, na sua unidimensionalidade. Ele temia que tivesse sido contratado só porque tinha o tipo físico para a personagem e nada mais. Ele achava que a personagem tinha sido escrita não como uma personagem cômica, mas como uma personagem séria. Cada escolha que lhe ocorria parecia tão chata quanto o papel. Numa busca desesperada para achar a personagem, impulsivamente passou a executar qualquer coisa que lhe viesse à cabeça, como um ator desesperado, obsessivo, querendo chamar a atenção. Ele pegou todo o seu medo e chegou a extremos lunáticos, selecionando objetos óbvios e bobos. Ainda estava preocupado, mas pelo menos ele tinha atuado num impulso.

A entrada de Kevin era numa plataforma de trem, ansioso pela protagonista, juntamente com os fotógrafos, que também esperavam ansiosamente. No primeiro ensaio, Kevin pegou a câmera de um dos fotógrafos, focou para ele mesmo, colocou a mão no bolso e jogou confete no ar enquanto batia uma foto de si mesmo. Quando ele chegava à cabine de luxo do trem, na outra cena, colocava a mão no bolso de sua jaqueta e tirava sua foto 8 x 10, e colava na parede da sala de ensaios. Ele achava que Hal Prince iria, ou gostar, ou despedi-lo. Na verdade, retratos de Kevin misteriosamente começaram a pipocar diariamente nos ensaios. Ele ficou preocupado de ter exagerado, numa tentativa ridícula de roubar a cena. Mas Hal Prince achou que era perfeito para a personagem. Falou para Kevin ir para onde quisesse e que confiasse nele como diretor para freá-lo quando fosse necessário. A vontade de Kevin de se fazer de bobo foi a gênese de uma personagem vil, desesperada e ambiciosa – a quintessência de um "jogador." Como resultado, a personagem foi construída durante o período de ensaio e uma música enorme foi adicionada a ela. Foi esse papel chato que deu a Kevin seu primeiro Tony.

Depois da pré-estreia, quando cheguei à coxia para parabenizá-lo, ele disse: "Mas isso é atuar?"

"Se não for, quem é que se importa?" respondi. Então expliquei porque não era só uma atuação, mas uma ótima atuação, imprevisível, excitante e viva.

Quando Kevin veio estudar comigo, ele era músico, um maravilhoso pianista, muito sensível, profundo, culto – e de muito bom gosto. Infelizmente, acho que ter bom gosto não é bom, não contribui para boas atuações porque reprime partes do ator. Quando o ator ataca seu bom gosto e toda aquela "coisa barata" desaparece – quando ele explora, sem censurar, a personagem – seu gosto se torna útil, indicando-lhe o que pertence e o que não pertence ao papel. Ao aprender a confiar completamente em si mesmo, Kevin se libertou das algemas do bom gosto. Como resultado, ele conseguiu penetrar numa região interna de si mesmo, que todos os atores têm – a desesperada necessidade de ser reconhecido.

Nos ensaios, o ator tem de destruir qualquer noção pré-concebida que ele possa ter da personagem – desafiá-la, tentando todas as possibilidades ridículas, até saber o que a personagem é. O ator não deve atuar em segurança durante os ensaios. Se ele já estiver pronto para o espetáculo, logo errará, porque demora um tempo para se chegar ao que a personagem é. Kevin lembra que nada acontecia, até o momento em que ele fez umas palhaçadas durante o ensaio técnico de Sandra Jenning, em *Beware the Jub Jub Bird,* que eu dirigi na off-Broadway, em 1976, quando eu insisti: "Você tem de fazer isso no palco, é como você fica vivo como ator."

Deixar o ensaio caminhar não é essencial só para explorar os papéis cômicos. É necessário trabalhar assim também nos papéis sérios ou trágicos. O ator deve ser capaz de superar sua timidez, bom gosto e vergonha desde o início dos ensaios, como Aidan Quinn fez em *Um Bonde Chamado Desejo*, colocando a "carne" na sua cueca. Isso não significa que o ator não possa ser simples, quieto e até mesmo delicado, se é para onde as falas e a sua personagem o estão conduzindo. Nos ensaios, o ator deve desistir de atuar desde o princípio. Ele deve ter a coragem de ser simples, de só falar as falas como ele sente, sem colocar nada extra – nenhuma fala com maravilhosa projeção, nenhum movimento gracioso, nenhuma dramaticidade para preencher a personagem.

## VÁ DEVAGAR

No melhor dos mundos, o processo de ensaio começa devagar. Na primeira semana, os atores e o diretor se sentam ao redor de uma mesa e começam a ler a peça. Problemas são colocados de lado para que os atores e o diretor possam explorar a peça juntos. Quando surge uma pergunta sobre uma frase, uma cena ou até mesmo a peça como um todo, acontece uma discussão. Então, todo mundo está trabalhando na *mesma* peça. Cada um tem seu tempo e se permite escutar os outros atores explorarem suas falas, criando uma comunicação livre.

Gradativamente, há necessidade de expansão física nas explorações, os atores começam a se levantar da mesa e a se moverem, falando seus textos. O diretor pensa sobre o cenário – a pia, o sofá, a mesa, as portas por onde as personagens entram ou saem de cena e para onde elas se conduzem.

A livre perambulação do ator se converte em necessidade de uma direção. O diretor pode ter um planejamento específico, já pensado, mas estrategicamente, a princípio, ele o esconde, permitindo que os atores se achem, encontrem movimentos, propostas etc., organicamente. Então, se as relações naturais entre as personagem e os trabalhos das cenas funcionam para o diretor, mais da metade do trabalho está feito. Se não estiverem funcionando, o diretor pode ajudar com seu planejamento e os atores vão explorar essa outra proposta.

A coisa surpreendente é que se começarmos devagar, tudo fica mais natural e mais fácil, tanto para o ator como para a direção. As cenas começam a ficar mais rápidas porque todo mundo está junto, em nenhum momento os atores estão fora, estão cada vez mais se explorando profundamente. Assim, quatro ou cinco semanas de ensaio realmente os prepara para explorar a personagem na frente de uma plateia.

Mas, infelizmente, não acontece sempre dessa maneira. Muitas vezes, em poucos dias de ensaio, o diretor já está procurando resultados e o ator fica intimidado de perder tempo.

O diretor usa o ensaio para encenar e reencenar as cenas porque nunca fica bom na primeira, segunda ou terceira vez. Encenando rápido, sem o comprometimento do ator, nada fica orgânico. E tudo acontece muito rápido. O diretor quer ver a encenação e quer num tempo recorde.

Se tudo está indo muito rápido no ensaio, o ator vai precisar trabalhar por conta própria, ralentando tudo. À noite, tire lentamente suas frases da página. Não se preocupe em decorar – como já falamos, vai acontecer naturalmente. Respire, pense, sinta – deixe sua intuição e imaginação emergirem. Mesmo que você esteja sendo pressionado para ir mais rápido no ensaio, não vai se sentir tão forçado se conseguir encontrar um espaço para si mesmo em sua própria peça.

## FAÇA O SEU DEVER DE CASA

Como eu disse, não sou contra a pesquisa como ferramenta para exploração da personagem. Sendo usada com bom senso, pode ser muito importante para um certo período do ensaio não só para o ator individualmente, mas para a produção como um todo, como ilustra uma das minhas primeiras experiências. Fui chamado para fazer uma peça como ator, *Second Avenue Rag*, de Allan Knee, no Teatro Phoenix, em Nova York. Era sobre comércio de roupas em Nova York, no início do século XX. Eu ia fazer um costureiro de uma boutique, que tinha como clientes as estrelas do teatro ídiche.

A primeira coisa que fiz foi tentar achar mais coisas sobre esse período, a indústria de roupas e o teatro ídiche. Li livros descrevendo a história, a arte, o teatro e a política da época, e encontrei um antigo costureiro na periferia de Nova York, Willie Greenfield, que tinha emigrado há muitos anos da Alemanha. Ele estava aposentado, mas fazia uns trabalhos esquisitos para se manter ocupado. E eu virei um deles.

Willie era um perfeccionista. Cada movimento – um transpasse, uma puxada, uma empurrada – era feito de uma forma perfeita e poderosa. Ele nunca hesitava costurando. Era muito doce, mas não era puxa-saco. Possuía uma força silenciosa. Era religioso, mas sem exageros. Tinha uma deformação nas costas que dificultava seu andar e doía, apesar de ele nunca ter reclamado. Era muito orgulhoso. Vestia-se de maneira simples, mas com estilo. Era pensativo, mas de vez em quando ficava zangado. Adorava me mostrar como trabalhava – achava que eu era um artista e, apesar da minha pouca idade, tinha um enorme respeito por mim. Ele levava seu trabalho muito a sério. Parecia ser um homem bom. Não se exibia. Willie me mostrou que esse tipo de homem que eu iria representar não somente existia, mas era uma pessoa interessante e cheia de vida.

Willie aprendeu a costurar na Europa, e me mostrou a diferença da costura feminina, da costura masculina e as maneiras diferentes do homem e da mulher trabalharem na costura. Primeiro, eles usam dedais diferentes: os homens usam um dedal aberto, empurrando a agulha com o lado do dedo médio. As mulheres usam o dedal fechado e empurram a agulha com a ponta do dedo médio. Observei-o muito, sua costura tinha força. Era poderosa e rápida.

Willie me deu um de seus velhos dedais. Exercitei o tempo todo. Quando fui para o ensaio, trouxe minha costura comigo. Durante um tempo, me senti bem. A costura em si estava um horror, mas ninguém na plateia iria reparar. Quando olhei para a costura, comecei a rir e isso virou uma marca – alguém que se diverte com seu próprio trabalho em vez de se aborrecer.

Continuei a costurar enquanto lia com os outros atores e era como se estivesse observando e escutando de fora da sala de ensaio. Quando eu estava na cena, Cynthia Harris, a atriz que estava fazendo a grande atriz ídiche Bertha Kalish, chegou perto para verificar se minha costura tinha melhorado, aí rimos juntos. Quando mostrei a técnica de Willie para os outros dois atores que faziam costureiros também, nosso trabalho mudou. Logo eles também começaram a trazer suas costuras, e sentávamos juntos, observando, medindo e sussurrando sobre nossa pesquisa. Costurando rápido e poderosamente, escutando aquelas discussões e brincando, virei uma espécie de líder espiritual dos costureiros, com meu boné, minha maneira calma, sempre animado, e foi assim que a personagem aconteceu.

Quando a preparação de um ator é boa, ela impacta qualquer um da produção. Faz com que o ator se apaixone pela personagem e todo mundo percebe. Faz com que ele almeje

## DESISTA DO SEU EGO

Não acredito que adianta explicar no ensaio como se atua. Para mim, isso é extremamente pessoal. Não quero que ninguém saiba como eu trabalho, como eu penso. É o meu segredo ou, pelo menos, era. Mas estou aberto às sugestões sobre tudo, já que estou livre para fazer o que quiser. E como nunca peço permissão, sempre faço o que quero.

Contudo, demonstro para os outros que preciso da *ajuda* deles para dar o meu melhor. Demonstro sim! Se os outros atores e o diretor acreditarem que preciso de auxílio, irão ajudar. Quando surge uma coisa que funciona, dou o crédito a eles, mesmo que a princípio aquilo tenha sido uma grande dificuldade. Afinal, deve ter sido alguma coisa que eles fizeram que me ajudou a escolher aquilo, mesmo que eu não tenha percebido. Teatro é um esforço coletivo.

Vou dar um exemplo de como você pode usar a dificuldade de outro ator.

Eu estava fazendo o papel de Biedermann na peça off--Broadway de Max Frisch, *Os Incendiários em Nova York*. Ele era o tipo do homem honesto, tal como significa o seu nome em alemão (bieder = honesto). Mas ele também era implicante. Se achava que podia dar conta de algo, ia em frente. A jovem atriz que fazia Anna, uma governanta, estava com dificuldades para contracenar comigo. Ela queria tirar muitas coisas das suas frases e a produção estava um caos.

Então, fui pulando as falas dela. Foi cruel, mas ela estava me enlouquecendo e eu não conseguia mais esperar por ela. De verdade, me tornei terrivelmente implicante, até o dia em que ela chegou chorando perto de mim. Ela me suplicou para deixá-la dizer suas falas. Eu disse que evidentemente deixaria, mas o que ela estava fazendo era maravilhoso para ela e para mim. Permitiu que eu ficasse feroz com ela no palco, sem "atuar." E ela estava totalmente vulnerável e com uma emoção que era perfeita para a sua personagem.

No ensaio, desista do seu ego. Preserve-o para seu cuidado pessoal e para fortalecer a fé que você deve ter no seu talento e na sua personalidade para fazer um trabalho. Isso vai permitir que você persevere quando tudo parece sombrio. Durante os ensaios, não leve nada – que está acontecendo, quando se está atuando – para o pessoal. Compreenda que todo mundo está dando o seu melhor. Ninguém quer machucar você. Pode haver até momentos de muita tensão. Se não levar para o lado pessoal, vai ser melhor para você. *Para mim, tudo o que acontece em cena é atuação.* Meus sentimentos são verdadeiros. O que eu vejo, eu vejo, e a frase que eu falo é o que eu quero dizer. Mas, quando não estamos mais ensaiando, eu me desapego de tudo. Ou, pelo menos, eu tento.

## TRABALHO COM A DIREÇÃO

Uma boa direção liberta o ator para descobrir a personagem; não impõe uma interpretação dela. Diretores não devem falar muito. Eles devem nos dar espaço para explorar, para errar e então nos ajudar. E quando precisamos de uma sugestão, eles nos dão em poucas palavras.

Quando Glenn Close estrelou com Jeremy Irons *The Real Thing*, na Broadway, Mike Nichols, o diretor, fez dois comentários memoráveis. "Ele falou para Jeremy que se nos sentíssemos perdidos, nos apoiássemos um no olhar do outro", Glenn lembra. "E também falou: 'Traga o seu dia para o palco.'"

Glenn estava fazendo Anna – "um papel muito difícil", uma mulher que a plateia via como extremamente egoísta. Em vez de palavras, ela tinha paixão, "uma sexualidade e liberdade atávicas", que é terrível para Henry, personagem de Jeremy Irons. Glenn sabia que precisava "achar o *sentimento* lá dentro, então foi divertido e libertador. Caso contrário, ficaria uma coisa morta, sem nada." A primeira indicação que Nichols deu permitia a Glenn ser totalmente sexual e apaixonada, sem fazer muita coisa – não precisando representar. Mergulhar nos olhos de Jeremy Irons e ter o seu retorno já era suficiente.

A segunda indicação – "Traga o seu dia para o palco" – explicou Glenn, permitia que ela fosse muito simples, como no seu dia a dia. "Eu ficava nas coxias com a minha sacola e dizia: 'Ok, acabei de sair do meu carro. Tranquei-o. Estou andando pela calçada e cheguei à porta. Vim de um lugar que é concreto e específico'. E assim eu fazia, e víamos o que iria acontecer!"

Tudo é jogo no ensaio. Mas não é *só* para se divertir. É necessidade. Porque não sabemos de que lugar a personagem vai emergir. Só sabemos que vai emergir da gente, da alquimia de um roteiro, da nossa intuição e, às vezes, se estamos com sorte, da ajuda do diretor.

Bons diretores gostam de ser surpreendidos pelos atores. Venha para um bom diretor com a proposta de fazer o que vier na sua cabeça e ele o ajudará a aperfeiçoar a personagem. Mas às vezes não temos muita sorte com o diretor. Diretores de teatro podem ser ansiosos. Eles podem ir muito rápido na montagem da peça, bloqueando o movimento dos atores no começo dos ensaios e forçando-os a escolher antes de qualquer exploração do texto e antes mesmo de existir uma personagem. Ou podem pedir para os atores memorizarem suas falas muito cedo e insistir na rapidez de fluência e ritmo, buscando o resultado muito mais cedo do que realmente é possível alcançar. Essa forma de direção não leva a uma encenação homogênea. Leva a uma atuação controlada, impessoal, técnica. Dá a todos os atores o mesmo tempo apressado e o mesmo ritmo, tirando a possibilidade de encontrar a individualidade de cada personagem. O pior de tudo, na minha opinião, é que ela tira a alegria da exploração do ensaio, que é a minha parte favorita do nosso trabalho de ator. Quando Glenn Close fala da alegria da "grande direção" de Mike Nichols, ela está falando do que é melhor no teatro – a liberdade de explorar um belo texto abertamente com uma equipe e um diretor.

Cada ator tem de achar uma estratégia pessoal para lidar com uma direção ruim. Em geral, aconselho aos atores não ficarem agressivos ou zangados. Isso só leva a um conflito. Se você coloca o diretor contra a parede, ele vai morder você! Mas se você dá espaço para ele, então qualquer coisa é possível.

Acredito na desistência do ego, não do nosso trabalho. Por isso, não discuto nos ensaios. Eu escuto. Vou para onde me mandam, sempre concordo. Mas concordar hoje com uma direção não significa que vou fazer a mesma coisa amanhã. Deixo a direção soprar sobre mim. Se fizer sentido ou tocar uma corda dentro de mim, deixo. Mas não tento me lembrar. Se for bom, automaticamente acontecerá. Se não for bom, não me afetará. De qualquer forma, amanhã eu faço o que eu faço. Se for diferente do que o diretor quis, ele ou seu assistente apontam, eu me desculpo por ter esquecido. Começo a fazer o que o diretor pediu e, se ficar desconfortável ou sentir que está errado, admito que o problema é meu, quer seja ou não. Mas quero que o diretor veja que estou *tendo* problemas. Não estou tentando *ser* um problema.

Isso geralmente funciona porque é a verdade. Não tem ego envolvido, portanto não há muitos argumentos. Há discussão, o que é bom. E a própria discussão ralenta o processo, que é o que eu preciso no ensaio – tempo para explorar.

Algumas vezes, esse processo é rejeitado pelo diretor. "Eu não sei o que fazer", ele vai dizer. "Estou tentando te ajudar, mas você não obedece nenhuma indicação minha."

Nessa situação, cada ator deve decidir por si mesmo o que está em jogo e até onde ele pode ir para atingir seus objetivos. Um ator, determinado a evitar qualquer atrito com o diretor, pode soltar um ultimato: "É melhor você me mandar embora. Se você acha que discussão e exploração te ameaçam, não podemos trabalhar juntos." Nesse caso, o diretor recua, deixa o ator "caminhar livremente pela estrada da exploração, enriquecendo-se com aquilo que chegou organicamente para ele." No fim, ele chega a um lugar que não é tão ruim para o diretor. Mas enfatiza: "Se eu não pudesse ter começado meu trabalho daquela maneira no ensaio, minha atuação seria como uma voz estrangulada."

É muito importante o ator decidir como trabalhar com um diretor que parece podar sua habilidade de explorar nos ensaios. O ator, e ninguém mais, tem de ter responsabilidade pelas suas decisões, porque trabalhar dessa maneira pode ter um péssimo desfecho. Por outro lado, permitir que sua intuição seja endurecida, pode levar o ator a um fracasso pior que ser despedido – uma decepção eterna de não ter sido capaz de fazer um trabalho melhor. Quando você está nessa situação – entre a cruz e a espada – não se culpe a você nem a ninguém. Se decidir continuar, mantenha seu foco na peça e na alegria da exploração.

A única maneira de atravessar tudo isso é confiar em si mesmo. Se você só for onde acha que o diretor quer que você

94  COMO PARAR DE ATUAR

vá, você terá de fingir e isso só o enfraquecerá. Continue a explorar e consequentemente terá a melhor solução para resolver qualquer problema que você e o seu diretor tenham. Não se culpe nem se distancie do seu coração; problemas são a razão para ensaios. E o mais importante, não sucumba ao medo.


## EXPLORANDO E REPETINDO

Se o ensaio é um processo constante de exploração, como e quando é o momento do ator repetir as escolhas que ele fez? Se a escolha surge de uma exploração que foi potente para o ator – se ela tem um significado importante e poderoso para ele – repetir não é um problema, é porque ele deseja voltar para aquele lugar. Ele se sente livre cada vez que faz essa escolha.

Por exemplo, no início do segundo ato de *Second Avenue Rag*, os alfaiates estão numa excursão pelo rio Hudson, celebrando o 4 de Julho. A primeira vez que ensaiamos de pé, eu entrei, fui para a marca no chão que indicava o proscênio, olhei e vi aquilo que eu imaginava ser a baía de Nova York. Eu via o diretor, o assistente de palco e alguns atores, que estavam sentados perto da parede. Olhei e passei por eles, sorrindo. "Era bonito", pensei, "lá fora, a água, o vento fresco, o cheiro do rio". Deixei meu olhar ir para a direita. Parei, pisquei os olhos através dos óculos. Todo mundo estava calado, me olhando. Concentrei-me no que estava imaginando. Meu braço direito começou a se mover para cima da cabeça, ao mesmo tempo em que a mão esquerda vinha para o peito. A mão direita estava fechada ao redor de uma tocha e a mão esquerda segurava um livro. Então comecei a rir de alegria por ter descoberto a *Estátua da Liberdade* ali, na sala de ensaios. Todo mundo riu. Os outros dois alfaiates entraram e também olharam para a estátua.

Não pensei em fazer nada disso antes do ensaio. Pensei que veria o céu ensolarado e respiraria fundo, me sentindo de novo alegre e jovem, longe daquela loja calorenta. Mas quando olhei o espaço, rejeitei essa escolha, achei muito banal e a minha imaginação figurou a estátua, no início um pouco enevoada. Eu pensava: "Talvez meus olhos não estejam bons, ou é um truque." De repente, ficou tudo tão claro para mim: eu só tinha de fisicalizar a imagem. Era uma bobagem, mas foi o que senti naquele momento e funcionava perfeitamente para a personagem e para a peça.

Cada vez que eu ensaiava aquela cena, ia para o palco e deixava acontecer – e na maioria das vezes acontecia. Mas um dia, achei que deveria haver uma coisa melhor, então não fisicalizei a estátua. Não sei o que eu fiz, mas foi algo completamente morto, sem vida. Perguntei para o diretor, Gerald Freedman, o que tinha achado.

Era um diretor muito experiente e que ajudava muito os atores. Ele disse: "Harold, às vezes você chega muito rápido no resultado e vai ter de admitir que já chegou. Deixe como está." Foi o que eu fiz e sempre era um momento especial. Mas eu tinha necessidade de ir além dessa escolha para poder voltar a ela mais livremente.

Durante os ensaios, podemos descobrir uma escolha que funciona. O ator fica feliz. O diretor fica feliz. Mas mesmo assim, pode não ser a *melhor* escolha. Se em um processo nada funciona tão bem quanto a primeira escolha, então o ator percebe que é aquela mesmo. Melhor ainda, ele *sente* que está certo. Então, repeti-la não é um problema.


## EM CARTAZ

Estar no palco em frente de uma plateia parece ser um lugar assustador, mas a pior coisa que um ator pode fazer é tentar se proteger, tentar ficar seguro. Não é que ele não vá sentir medo. Ele terá medo. Mas quando ele ataca o medo, também ataca o intelecto, sobrando só sua intuição em que se apoiar. Se um ator é realmente um ator, ele renderá melhor quando estiver à beira do precipício.


## ENTRAR COM A MAIOR LIBERDADE POSSÍVEL

É importante não fazer escolhas antecipadas específicas para a personagem, pois assim deixamos espaço para responder verdadeiramente no palco. Muitas escolhas predeterminadas em um espetáculo não nos deixam seguros; ao contrário, ficamos preocupados em executar todas elas. Decidir só alguns pontos nos dá várias balizas, o resto fica aberto para a improvisação e a exploração.

Na pré-estreia do primeiro *Hamlet* de Kevin Kline, no Festival Shakespeare de Nova York, ele se achou completamente morto por causa das decisões antecipadas que tomou. Não importam as razões para aquelas escolhas – talvez a necessidade de controle do diretor ou talvez o medo que todo ator sente quando se aproxima de um papel enorme, assustador, como o de Hamlet –, cada momento era muito pesado para ele. Ainda não era o verdadeiro *Hamlet* de Kevin.

Noite após noite, na frente da plateia, Kevin se despia das escolhas que tinha feito em favor das explorações que estavam vivas naquele momento. Depois de algumas semanas, ficou apenas com aqueles pontos que eram realmente necessários e importantes para a iluminação da personagem: sua primeira entrada, sombria e ansiosa, revoltado com sua mãe; em alguns momentos, brincando de uma forma feroz com Claudius, Polonius, Rosencrantz e Guildenstern; sua cena lasciva, vulgar e furiosa com Ofélia, e seu discurso para a trupe de atores, quando põe no rosto uma máscara de palhaço.

Ele permitiu que a cada noite, a peça o levasse para onde quisesse. Essas explorações foram alimentadas pelo trabalho que Kevin fez durante os ensaios, por conta própria, e agora fazia nos espetáculos. A diferença era extraordinária. Não era uma atuação suja, sem precisão, ao contrário. Era limpa e precisa em todos os momentos, com um *momentum* que construía perfeitamente a sua conclusão. Era preenchida por uma vida mercurial e muitas surpresas. Esse Hamlet era pensativo, espirituoso, cruel, ultrajante, furioso e amoroso – imprevisível e completamente compreensível. *Esse* era o Hamlet de Kevin.

## EXPLORANDO E REPETINDO – REPRISE

Na temporada ou nos ensaios, o ator é livre para repetir uma escolha – e se ele houver explorado bem a personagem durante esse tempo, acabará repetindo algumas escolhas que já tinha descoberto. Mas ele sempre tem que se dar a opção de *não* repetir a escolha – ir para outro lugar, para que sua atuação não fique cristalizada, não importa se a escolha anterior era boa. Ele já sabe o que vai acontecer e inconscientemente telegrafa isso para a plateia. Fica na frente dele mesmo, porque está pensando no que vem depois, e não onde está naquele momento. Sua intuição está fechada. Ele pode achar que está seguro, mas sua atuação não terá brilho e a sua personagem ficará chata.

Se se sentir obrigado a fazer o que tem de fazer, não haverá surpresa para si mesmo, consequentemente, nenhuma surpresa para a plateia também. Você precisa arrastar a liberdade do ensaio para o espetáculo.

Se realmente acredita numa escolha que descobriu anteriormente, nos ensaios, ou na noite passada, se ela for importante para você, confie cegamente em si, esqueça aquela que tinha escolhido e deixe essa nova aparecer. Você deve se concentrar em si no momento imediatamente anterior à escolha, mas se concentrar tão profundamente que não consiga pensar na escolha seguinte. Tem que estar aberto para cada momento, inclusive para a possibilidade de fazer uma escolha diferente daquela que você fez nos ensaios. Posso pensar: "Talvez eu não faça a *Estátua da Liberdade* hoje. Então, quando eu entrar no palco, talvez eu veja uma gaivota e me perca naquela imagem. E, quando ela desaparecer, posso olhar ao redor e ver…"

Quanto maior a distância entre você e a escolha que está surgindo, mais surpreendente será para si mesmo e para a plateia – você só tem de ficar preso ao texto! Quando o momento realmente chegar, estará livre para fazer qualquer escolha, a mesma da noite passada ou a das outras quarenta noites, mas faça a escolha naquele momento preciso. Então, qualquer uma que for feita terá um frescor.


## QUANDO AS ESCOLHAS NÃO FUNCIONAM MAIS

Quando tudo está funcionando bem numa temporada, nos sentimos livres, confiamos em nós mesmos e, por meio da exploração do texto, repetimos livremente as escolhas que continuam valendo para nós. Mas quando o que estamos fazendo não está mais funcionando, temos que ser ousados e explorar outras possibilidades, ousados como fomos no início dos ensaios.

Há muitos anos, estava fazendo uma peça de Romulus Linney, chamada *Tennessee*. Frances Sternhagen, uma atriz famosa e maravilhosa, fazia o papel principal e eu fazia Griswold Planckman, um canalha que não só a engana com um falso casamento como a faz acreditar que está viajando com ele pelas montanhas, através das florestas, a caminho do Tennessee, e que não verá mais a própria família. Viveram juntos muitos anos, e um dia Griswold morre, ela sai, meio perdida, perambulando pelas colinas da região, quando percebe que está na casa de seus pais. Então entende que durante esse tempo todo, ela e Griswold estavam morando somente a alguns quilômetros da casa dos pais. Mas se não fosse a mentira de Griswold, ela jamais teria tido uma vida plena. Por causa de sua intransigência e personalidade difícil, acabaria uma solteirona. Era uma versão campestre de *A Megera Domada*.

Durante os ensaios, Frannie e eu nos divertimos muito. O texto era muito bom e simplesmente deixávamos os diálogos nos levar. Griswold era um brincalhão. Falava em trocadilhos, e eu ficava feito um bobo em cena. Então, tentei possibilidades diferentes nos ensaios, tentando não fixar nada. Frannie foi generosa comigo e ficou aberta para qualquer coisa que viesse. Eu tinha um grande respeito por seu talento, experiência e inteligência, e ela era fantástica para contracenar. O que poderia ser melhor?

Quando entramos nos ensaios técnicos e de figurinos, e começamos as pré-estreias, aconteceu uma coisa curiosa comigo. Achei que estava muito racional, preocupado com a tal marca, onde eu devia estar para ser melhor para a Frannie numa cena tal. Antes de entrar no palco, me vi repassando as falas várias vezes – coisa que eu nunca tinha feito! Estava tenso, esperando a minha entrada, e senti que a minha entrada estava artificial. No palco me senti desconfortável. Proferia as minhas falas e ouvia as gargalhadas racionalmente. Senti que estava travado. Minha atuação ficou rasa, como se eu não tivesse espaço ao redor das minhas falas. E o pior de tudo, me senti chato!

Não tive nenhum prazer em cena. Isso nunca tinha me acontecido antes no teatro ou no cinema. Não conseguia entender o que estava acontecendo.

DURANTE OS ENSAIOS E EM TEMPORADA

Uma noite, Kevin Kline e mais ou menos vinte alunos meus estavam na plateia. Sempre gostei desse tipo de desafio. Mas a mesma coisa me aconteceu. Depois, conversei com Kevin. Ele disse que não tinha notado, mas que entendia esse problema de se sentir raso. "Isso até me tranquiliza", ele disse, "quer dizer, isso pode acontecer com meu próprio professor". Mas eu estava pronto para me suicidar.

Na noite seguinte, quando cheguei ao teatro, não repassei o texto. Antes do espetáculo, fiquei lendo um material para um treinamento no dia seguinte, li um romance – tudo – menos a peça. Quando tocou o sinal, fui para o palco. Não tinha a menor ideia do que ia fazer. Só sabia o que não ia fazer. Eu não ia ficar onde estava.

Entrei e olhei em volta. Não fui para a marca que eu sempre ia. Fui calmamente para outra parte do palco e proferi minha fala. A fala saiu com abandono e levei uma bela gargalhada – o que realmente deveria acontecer.

Frannie voou para mim. Ela estava furiosa comigo. Apesar de fazer parte da sua personagem e daquela história maravilhosa sobre uma relação impossível, achei que a raiva poderia ser pessoal, que ela poderia achar que eu estava comprometendo o espetáculo. Mas vou dizer uma coisa para vocês: nós estávamos jogando, realmente jogando. E apesar de improvisarmos cada momento, não perdíamos as falas. Encontramos uma liberdade e uma realidade entre nós que era muito sintonizada e fresca. Ela estava comigo a cada passo do caminho.

Quando as luzes se apagaram, saí atrás dela na total escuridão, como sempre fazia. Estávamos quase na coxia, quando senti umas mãos no meu rosto. Fiquei tenso. Pensei que Frannie fosse me bater.

Em vez disso, ela me deu um beijo nos lábios, me abraçou e disse: "Aonde você estava, Harold?"

O que aconteceu? Meu medo foi me dominando durante a temporada. Em vez de atacá-lo, procurei segurança. Parei de explorar. Congelei, fiquei vazio. Não era mais eu no palco – não era mais o meu Griswold para Frannie.

Ressalto a importância de se continuar a exploração durante a temporada, não para subverter o trabalho do diretor, mas, exatamente por causa da importância do trabalho compartilhado entre ator e diretor, ele tem que estar vivo em cada espetáculo. Nenhum diretor quer ver uma réplica do que trabalhou. Ele quer ver o espetáculo vivo e cheio daquela mesma energia e estímulo que havia entre diretor e ator nas primeiras escolhas maravilhosas que fizeram nos ensaios. Isso é teatro vivo. Atores precisam de diretores. Mas diretores também precisam de atores que deem o seu melhor durante uma temporada.

Uma temporada não requer sempre essas decisões drásticas. Mas às vezes temos que perturbar nossos medos, nossos deveres, nossos preconceitos, nos libertando para melhorar nosso trabalho. Precisamos nos colocar em perigo, à beira do precipício, para a intuição emergir. Se tudo que soubermos for o que temos que dizer, e não como dizer, a intuição estará livre para nos levar por um novo caminho criativo. Quando estamos realmente jogando, muitas escolhas que fizemos antes podem voltar. Não precisamos ficar mudando aleatoriamente.

Nenhuma escolha específica é mais importante que a presença verdadeira de um ator no palco, naquele preciso momento. O ator vivo no palco, com sua humanidade – seus sentimentos, seus pensamentos, sua imaginação – intacta, é um dos maiores presentes que você pode dar para uma plateia.

Então, o ator precisa ter paciência. Ele não deve se apropriar dos pensamentos e sentimentos que passam por ele em cena. Se ele se der tempo nesse momento assustador, alguma coisa melhor do que aquilo que já tinha surgirá – talvez algo surpreendente. E ele deve ter a coragem de embarcar no que já conhece ou em algo novo. Dá medo pensar em fazer isso durante um espetáculo, mas o ator é obrigado a dar à plateia o seu melhor, não importa se ele descobriu no ensaio ou naquela noite. A plateia está dedicando seu tempo para ver aquilo. Os espectadores pagaram para nos ver. Eles acreditam que daremos o nosso melhor. Não podemos confiar só no trabalho de preparação. Devemos ter confiança em nós mesmos e em nossa conexão com o texto, que nos levará à melhor escolha que temos para oferecer durante uma apresentação.

Para mim, isso é atuar no palco.

## ATUANDO EM LONGAS TEMPORADAS

Fazer uma longa temporada na Broadway, em um teatro regional ou uma turnê pode trazer muitos desafios. Depois de alguns meses fazendo oito espetáculos semanais, o ator pode entrar no piloto automático – ele sabe onde estão as risadas, onde estão as pausas, para onde se mover, como cada fala é proferida. Isso não funciona para uma boa atuação, nem é uma experiência excitante para a plateia. O tédio toma conta e o espetáculo fica burocrático.

Glenn Close lembra que quando ela e Jeremy Irons estavam em cartaz com *The Real Thing*, depois de quatro meses, estavam tão entediados que uma noite, depois do primeiro ato, se encontraram no camarim de Jeremy e ele disse: "Olha, vamos entrar no segundo ato e nos surpreender um ao outro. Vamos fazer outras marcas. Vamos fazer qualquer coisa para sairmos desse tédio."

"O cenário já era a nossa casa", ela lembra. Estavam tão familiarizados com ele que era fácil tentar coisas novas, e tentar coisas novas injetava adrenalina de novo, e "foi assim que saímos da crise". Eles continuaram explorando, sempre tentando se surpreender, e algumas dessas novas escolhas acabaram ficando no espetáculo. "Sempre nos encontrávamos no final do primeiro ato para comentar, 'aquilo funcionou. Por que não tentamos isso amanhã?' ou 'aquilo não funcionou. Por quê?' É um prazer ter um belo material durante uma longa temporada."

Kevin Kline me telefonou uma noite depois do espetáculo *Os Piratas de Penzance*, na Broadway. Ele já estava em cartaz há vários meses, depois de ter feito dois meses no Delacourt, no Central Park. Era um grande sucesso e ele fora indicado para o Tony. Queria que eu fosse ver de novo o espetáculo e observasse sua atuação.

"Qual é o problema, não estão rindo?", perguntei.

"Não, eles estão rindo", ele respondeu. "É que a plateia não tem mais aquela resposta imediata que tínhamos no Central Park e quando estreamos na Broadway. Queria que você visse. Estamos lotando e os jurados do prêmio Tony voltarão para ver pela segunda vez."

Fui na noite seguinte. Claro que Kevin estava ótimo – divertido de ver, arrancava muitas gargalhadas – mas ele estava na frente dele mesmo. Já sabia onde iria acontecer as risadas. Então ele chegava lá antes da plateia e, logo em seguida, ia para o próximo momento antes de a plateia conseguir realmente responder ao que ele tinha acabado de fazer tão brilhantemente.

Sugeri a Kevin que esquecesse os momentos das grandes gargalhadas e se concentrasse somente no momento em que estava no palco – mesmo que isso alterasse sua atuação em alguns momentos. Ele poderia fazer pequenas ou grandes alterações, contanto que elas forçassem sua concentração para um momento só. Quando as gargalhadas acontecessem, elas teriam de ser uma novidade para ele. Mas não podia apressá-las. "A plateia precisa estar com você", falei. "Por exemplo, quando Frederic diz que está partindo, que só vai ficar até o meio-dia, você olha direto para o sol e diz: 'Mas ainda não é meio-dia?' Por que é que você simplesmente em vez de levantar o olhar para o sol e dizer a frase não faz mais um *double-take*\* e até um *triple-take*, e aí diz a frase? Afinal de contas, o Rei dos Piratas é denso. Ele pode não saber por que levantou o olhar. Ele pode ter esquecido que foi para ver a hora." Conversamos, então, sobre vários momentos desse tipo.

Na noite seguinte, Kevin me ligou do seu camarim, no intervalo, para me contar que tinha feito três *double-takes* para o sol, antes de proferir a fala. A plateia estava em sua mão e ficou com ele todo o tempo durante o primeiro ato. Sua atuação voltou aos trilhos porque ele estava livre para explorar coisas novas.

Longas temporadas dão ao ator a possibilidade de se aprofundar cada vez mais no papel – *se* o ator quer ficar à beira do precipício e gosta de se surpreender. O campo da atuação só cresce com novas variações, aumentando sempre o número de possibilidades.

Na atuação, o interessante é a viagem, e não o destino.

Atuar é a viagem!

---

\* *Double-take* é uma técnica famosa na comédia, bastante usada em filme mudo, que consiste em dois movimentos rápidos, que variam de ritmo, dando comicidade à cena (N. da T.).

# 5. Atuando no Cinema e na Televisão

*Você me ensinou a estar munida, como se faz com uma arma – juntar as peças, limpar, carregar, engatilhar e estar pronta para atirar. Eu não sabia como fazer isso. Nem sabia por onde começar. Nem sabia que existia um mecanismo, que poderia ser uma ferramenta, uma arma... porque você tem de estar pronta para atirar.*

BRIDGET FONDA

Diferente do teatro, o cinema e a televisão geralmente não têm um longo período de ensaio. Em compensação, o período de filmagem para um ator é um ensaio gigantesco.

No palco, a cada noite, o ator faz a sua personagem completa. Não há edição – ela é toda sua. No cinema, o ator não tem a oportunidade de aperfeiçoar a personagem como tem no teatro. No fim, o diretor vai montar a personagem na sala de edição.

Entretanto, o diretor tem os atores na frente da câmera, fazendo a cena várias e várias vezes. Cada "tomada" é uma exploração diferente. Se o que o ator fez foi bom para o diretor, ele falará, "Corta. Checando". Isso significa que aquele pedaço do filme será enviado para o laboratório para ser revelado, e o diretor e o editor poderão ver no copião, como uma possibilidade de ser editado no corte final do filme. Se não for bom para o diretor, ele falará, "Corta. Vamos fazer de novo." Se o ator errar sua fala ou não fizer a ação prevista, não tem muita importância. Sempre é melhor continuar a tomada. Não é preciso que ela fique toda perfeita, porque raramente uma tomada inteira é usada no corte final. Se um pedaço da tomada estiver bom, esse pedaço será usado.

Há raras exceções. Woody Allen, por exemplo, gosta de fazer só um plano máster para cada cena. Ele não faz "coberturas" com vários planos de diferentes ângulos e distâncias. Nesse tipo de filmagem, o diretor vai ensaiar muito mais, pois fazer esse tipo de máster demora muito tempo. Demora tanto tempo quanto fazer vários planos, como se faz em filmagens tradicionais nos Estados Unidos. A tomada inteira tem de estar perfeita, porque não há possibilidades de editar algo dentro da cena. É como fazer teatro.

Mas na maior parte do tempo, filmar é como Glenn Close descreve, "Um grande ensaio sem estreia no final". Saber disso pode ser extremamente libertador para o ator. Como Glenn Close diz, "Você pode desapegar-se. Pode respirar. Pode experimentar coisas. No cinema existe uma enorme flexibilidade. Para mim, isso é a coisa mais divertida no cinema".

Durante as filmagens de *A Escolha de Sofia*, Alan Pakula falou para Kevin Kline, "Pense nisso como um ensaio e confie no momento. Quando realmente acontecer alguma coisa, vai ser a *tomada* que eu vou usar". Se você pensar dessa maneira no cinema, o processo de criação de uma personagem fica mais claro. O ator não pode controlar como a personagem vai reagir no último momento. Entre "ação" e "corta", tudo depende do ator. Então você precisa estar livre em cada tomada e, em cada tomada, você deve tentar caminhos diferentes para fazer a cena. Você tem que oferecer muitas possibilidades "dentro dos parâmetros da personagem", como Glenn explica, "Para que o diretor possa ter uma variedade para escolher".

## PREPARANDO A PERSONAGEM ANTES DE FILMAR

Quando Bridget Fonda vai fazer um filme, ela me pede para "pré-ensaiar", como ela chama. "Eu trabalho com você para resgatar o período de ensaios", ela fala.

Os diretores esperam e querem que o profissional traga muito material. O ator tem que estar disponível para o diretor, mas como Jim Gandolfini diz, "Você precisa ter a sua própria concepção. Você tem que tentar surpreender um pouquinho o cara". A maioria dos diretores espera que o ator os surpreenda com ideias sobre a personagem. E se o ator fez sua preparação para se colocar no estado de total exploração da

ATUANDO NO CINEMA E NA TELEVISÃO

personagem, estará disponível para qualquer proposta que o diretor fizer. O ator virá filmar com possibilidades a oferecer e terá confiança no seu trabalho, o que lhe dará mais força para dar o seu melhor.

"É como se quisesse não só manter meu bolo, mas também comê-lo"*, Bridget fala, comparando que é preciso se abrir tanto para os *insights* do diretor como também para a sua própria exploração da personagem.

É assim: como eu posso ser verdadeira e também ser capaz de ir para onde o diretor quiser? Se você tem a sorte de estar com alguém que seja um gênio, terá ouro nas mãos. Mas mesmo assim, você não pode se comprometer porque tem de ficar livre. Não pode ficar artificial. E esse é o grande lance.

Em vez de tentar antecipar o que o diretor quer, o ator prepara a personagem por meio de uma "investigação completa", descobrindo o maior número de possibilidades. Antes de filmar, não decida nada. Você pode explorar sozinho ou com um preparador. As etapas são as mesmas e fáceis de reproduzir em casa.

## TIRE O ROTEIRO DA PÁGINA

Primeiro, conduzo o ator pelo roteiro, do início ao fim, fazendo-o dizer suas falas, tirando-as da página. Lemos várias vezes, deixando as falas nos levarem para qualquer lugar. Como Bridget fala, "As falas são sua tábua de salvação". Então passamos para uma cena específica, percebendo as nuances de cada momento, tendo certeza de que o ator está sintonizado consigo mesmo, com a cena e com as falas. Fazemos cada cena de diversas maneiras. Dedicamos muito tempo a isso.

Em casa, você deve trabalhar falando alto, proferindo suas falas e a das outras personagens, e até mesmo seus pensamentos, como descrevi no Capítulo 3. Não fique na superfície, faça

---

\* No original, "have one's cake and eat it too", provérbio que significa querer duas coisas mutuamente excludentes. (N. da E.).

106 COMO PARAR DE ATUAR

uma verdadeira imersão em cada fala, deixando sua cabeça vagar para que apareça o que está acontecendo com a personagem. Tire cada cena da página daquelas cinco maneiras diferentes, como já sugeri anteriormente – por exemplo, com raiva, com humor, com verdade, com sensualidade, com muita lógica. Não estabeleça nada; só experimente ideias.

## TRABALHAR A SEQUÊNCIA DO ROTEIRO

Trabalhar as cenas na ordem do roteiro no cinema é mais importante que no teatro, já que são filmadas fora de sequência. Trabalhar com a sequência ajuda você a descobrir a personagem por osmose e não por análise. Conforme você vai do início ao fim, verbalizando não só as falas, mas também suas reações, a personagem simplesmente vai aparecendo, assim como o significado da história como um todo. "É como quando se faz uma peça", explica James Gandolfini, "Você ensaia as cenas três, quatro, cinco, e seis, e sete, e oito vezes, mas você só vai conhecer a personagem quando faz a peça inteira. E então você vai! E alguma coisa acontece – o cara começa a ter vida e você entende a coisa toda".

Enquanto lemos a peça várias vezes, para conhecer cada momento de uma forma muito específica, o ator vai conhecendo as mudanças íntimas que acontecem na personagem dentro de cada cena. Mesmo que o ator já tenha lido o roteiro do começo ao fim, ele só começa a ter vida quando começar a dizer em voz alta as falas. Como James Gandolfini afirma, "Sei que posso fazer o papel, mas ele só toma forma, quando começo a falar alto o texto".

Às vezes, é uma fala específica que traz a personagem para o foco. "É como se a gente fechasse o cerco", Bridget diz.

Começamos normalmente e depois vamos para as falas – para o ponto crucial daquele momento. Aí, vai haver uma fala-chave que dirá tudo sobre a personagem. Quando isso cai no seu colo, você não quer perder – e não interessa saber o que foi que aconteceu. Você não pode se apegar nisso. Você quer ser capaz de fazer uma bela coisa com aquilo. É quando trabalhamos em cima dessa frase, daquela frase, de outra frase. É muito abstrato, mas essa é a ideia.

ATUANDO NO CINEMA E NA TELEVISÃO 107

Não importa se for uma única fala que traz vida à personagem, ou vários momentos na história, importa que o ator, no cinema, tem de saber o texto friamente, senti-lo nos seus ossos, para que esteja livre, em estado de improviso, na hora da filmagem. Se ele ficar pensando onde estava na cena anterior ou onde ele acabará na próxima cena, a câmera vai filmá-lo "atuando". *E a câmera é imperdoável com a representação.* Para você ter verdade no cinema, tem de estar vivendo aquele momento, indo com o impulso que aparecer em você naquela hora.

Enfim, o ator precisa trabalhar exaustivamente suas cenas na sequência do roteiro, até elas ficarem tão orgânicas que ele nem precise mais pensar na história enquanto estiver filmando. Assim, ele ficará focado só no que está acontecendo com ele no momento da filmagem. O roteiro vai de qualquer maneira levar a história adiante e os momentos serão preenchidos criativamente. Isso fará com que a história fique mais surpreendente e a personagem menos previsível para a plateia, porque o público também ficará perdido em cada momento e terá de juntar cada momento para compor a história que está sendo contada. Lembre-se, quando a plateia está envolvida e tem de trabalhar, tudo fica mais ativo e interessante, em vez de ficar passivo e chato.

## PESQUISE O QUE VOCÊ NÃO SABE

Assim como para o teatro, a pesquisa tem o seu devido lugar. Quando começo a estudar um roteiro com um ator, apontamos aspectos do roteiro que precisam de uma investigação. Quando você estiver trabalhando sozinho, preste atenção naquilo que ainda não sabe e pesquise.

Por exemplo, recentemente, John Leguizamo e eu estávamos trabalhando em um novo filme, *Undefeated* (*Confidencial*). Ele faria o papel de Lex Vargas, um lutador de boxe porto-riquenho que se torna campeão de peso-médio. John é um ator maravilhoso, mas não lutava boxe, então teve de começar a treinar. Enquanto trabalhávamos no roteiro, discutíamos muito tempo sobre como os lutadores de boxe pensam e o que faz um campeão.

Contei ao John uma experiência que tive, quando estava preparando o grande lutador Teddy Atlas, que ia fazer um papel em um filme de boxe. Teddy, um dos primeiros treinadores de Mike Tyson, também treinava o campeão peso-pesado Michael Moorer. Teddy classificou o caráter pessoal dos grandes campeões do ringue: os "negativos", como os valentões e os "positivos" – aqueles que se conhecem mais, que não admitem uma perda e que são os verdadeiros campeões. Ouvir e observar como Teddy falava era uma aula para um ator que ia fazer um lutador de boxe – os tiques, os ritmos, as constantes contusões.

Sugeri a John entrar em contato com Teddy e aproveitar aquela fonte de pesquisa maravilhosa para a personagem do Lex. Conversamos também sobre os estilos de boxe de acordo com a etnia e que poderiam influenciar a sua performance.

Há momentos em que a pesquisa sobre uma personagem contradiz aspectos do roteiro. Isso não invalida o processo. Na verdade, tudo o que o ator encontrar em sua busca e que tiver um impacto subliminar, fará a personagem ser mais interessante.

Quando Jennifer Connelly estava se preparando para o papel de Alicia Larde no filme *A Beautiful Mind* (*Uma Mente Brilhante*), ela foi pesquisar a vida de Sylvia Nasar, na qual o papel era baseado. Apesar de ela não ter podido usar vários detalhes da vida real de Sylvia, porque o roteiro era diferente, sua pesquisa alimentou nossas discussões e deu à personagem uma camada mais profunda, que ressoava no público.

Converso com os atores sobre qualquer coisa que o roteiro me lembre, coisas da minha própria vida e experiência. Você pode querer conversar com pessoas que falem sobre a sua personagem, sobre a sua vida, ou descobrir o que aquela história significa para eles. Escute e guarde o que for útil. Não pergunte como você deve fazer o papel. Esse é o seu ofício. Fique aberto sem tomar decisões.


## GRANDES E EXTRAVAGANTES ESCOLHAS

Os atores sempre acham que não podem fazer escolhas extravagantes – "over" – no cinema, porque vai ficar demais na tela. *Mas tamanho não importa. O que importa é a verdade.* No cinema, o cenário do *set* é real. Se o ator faz uma escolha que tem mais a ver com estilo que com realidade, não vai funcionar. Mas, se o momento for totalmente real para o ator e verdadeiro para a personagem, a plateia vai acreditar e, assim, ele pode ser grande, exagerado ou exótico, não importa.

Na maioria das vezes tento fazer com que os atores façam menos no cinema – para deixar a câmera fazer o trabalho da atuação, enquanto o ator simplesmente responde, escuta e fala, sem mostrar o que está sentindo ou pensando. Mas temos que estar livres para ir a qualquer lugar, mesmo que seja para escolhas grandes e extravagantes. Maior não significa necessariamente que seja melhor, mas é fundamental não censurarmos nossa resposta, porque às vezes essas escolhas arriscadas, corajosas, são as melhores. Quando a intuição descontrolada do ator é totalmente verdadeira, surge um elemento de perigo ou de absurdo, que faz um bom texto parecer fantástico, e o ator que era bom, passa a ser genial.

A personagem de Kevin Kline no filme *Um Peixe Chamado Wanda* é o exemplo perfeito de como uma personagem pode ser grande e excessiva no cinema. Otto é estúpido, perigoso, frustrado, e que fica facilmente irritado quando falam da sua estupidez. Quando ele abre o cofre e o encontra vazio, sua confusão e raiva o levam a atirar no objeto inanimado como se fosse uma pessoa que ele quisesse matar. Sua sexualidade está baseada em cheiros e termos de comida italiana, e sua ideia de tortura consiste em empurrar batatas fritas nas narinas da outra personagem e comer o peixe de estimação dela. É tudo muito idiota, mas é a personagem.

Como falei no Capítulo 2, a gênese dessa personagem surgiu quando Kevin e eu estávamos tirando as frases de Otto da página. Antes das filmagens começarem, exagere ao máximo aquilo que o afeta. Quando você estiver filmando, aproveite suas chances. Se estiver excessivo, o diretor vai lhe dizer. Mas você deve continuar explorando e fazendo coisas diferentes em cada tomada. Seja corajoso. Faça-se de bobo. Lembre-se, filmar é o mesmo que ensaiar.

## NO *SET*

Antes do início das filmagens, o ator e o diretor se encontram para conversar sobre a personagem e o seu visual – seu figurino. Isso é muito importante, porque nesse momento começam as provas de figurino, de cabelo e testes de câmera. Então, o ator tem que conhecer muito bem sua personagem e o roteiro para ajudar no visual que vai aparecer para a câmera.

Às vezes, há ensaios durante alguns dias, ou uma semana, com o diretor e os outros atores, quando algumas falas são reescritas, discute-se o roteiro e as locações, e até mesmo ensaia-se algumas cenas nos lugares específicos onde elas acontecerão. Mas nunca chega a ser o mesmo tempo de ensaio que o teatro exige. Para o ator, é melhor ele ficar solto durante os ensaios. Aproveite esse tempo para conhecer os outros atores. Não se preocupe com nenhuma decisão que for feita nesse momento. Elas só serão tomadas quando o diretor e o elenco estiverem na locação. Então, a atuação e a filmagem serão estimuladas pela realidade do *set*.

Muitos atores gostam de ensaiar no cinema, mas eu não. Não há um tempo suficiente para ensaiar, mas há tempo suficiente para amarrar o ator, se ele levar o ensaio a sério. Portanto, fique solto! Explore o máximo que você puder, mas não se desgaste. Esse não é o melhor momento de mostrar tudo. Poupe-se para a filmagem, quando for de verdade.

O mesmo serve para a primeira leitura do roteiro, que acontece com o elenco inteiro, na frente do diretor, do autor, dos produtores e dos produtores executivos. Isso acontece logo antes dos testes de câmera e dos ensaios. Geralmente é uma experiência desconfortável para os atores, mas não há razão para se preocupar. Não importa o que for dito aqui ou no ensaio, o que vale é na hora da filmagem.

O segredo é continuar o processo de exploração durante todo o tempo de filmagem. Quando Kevin Kline estava pronto para fazer *Um Peixe Chamado Wanda*, falei que seria bom que ele improvisasse já vestido como a personagem, na frente do elenco e da equipe, cada vez que ele entrasse no *set* para fazer uma cena. Sua personagem era tão atrevida que ele tinha de dar uma aquecida antes das tomadas. Ele me disse que continuou improvisando entre as tomadas também. Às vezes, o ator ainda não fez todas as possibilidades de uma tomada, quando a câmera para de filmar. Continuar variando dá ao ator e ao diretor mais escolhas, escolhas que podem ser incorporadas à próxima tomada.

Não tente repetir conscientemente um impulso que deu certo. Geralmente os atores dizem: "Essa tomada foi maravilhosa. O diretor adorou, mas a luz e o som não estavam bons. Fomos filmar de novo e eu não conseguia repetir o que tinha feito, tivemos de fazer várias tomadas." Se isso acontecer, não tente resgatar a tomada anterior. Vá para outro lugar, qualquer lugar. Mesmo que você estrague a próxima tomada, na outra, a seguir, sua intuição voltará e você vai explorar de novo.

## TRABALHANDO COM A DIREÇÃO

Todos os bons diretores que conheci falam muito pouco e deixam o ator se virar ou então sugerem coisas que eles têm certeza de que vão ao encontro da intuição do ator. Kevin Kline lembra disso no *set* de *A Escolha de Sofia*. Alan Pakula falou para a ele: "Não importa o que eu disse antes da tomada, se você sentir qualquer impulso, foda-se o que eu disse!" Isso é uma coisa muito boa para um diretor dizer porque fortalece o ator. Dá liberdade para o ator ser impulsivo, isso é bom para o filme e bom para o ator. Infelizmente, é muito raro um diretor fazer esse tipo de comentário.

Há muitas distrações para o diretor durante as filmagens. Ele é responsável por todas as escolhas que forem feitas – não só do ator, mas também do figurino, do diretor de fotografia, do cenógrafo, do aderecista, do som, da luz, de tudo. Ele tem muita coisa para fazer. Por causa de todas essas solicitações, a atuação geralmente é a última coisa que está na cabeça do diretor. É difícil, quase impossível, para ele parar tudo só para se concentrar numa cena ou no fragmento de uma cena, portanto fica difícil perceber uma atuação sutil. Geralmente, tudo parece muito devagar para o diretor. A direção comum no *set* é "olhe o ritmo", "tire as pausas", "mais depressa".

É importante para o ator lembrar que a cena que ele está filmando ainda não foi editada. Eventualmente, o diretor poderá cortar as pausas na sala de edição. Portanto, aproveite o tempo e reaja intuitiva e impulsivamente. Será melhor não só para você, mas também para o diretor. Explicarei isso melhor na parte do *close*.

Demora muito tempo para o *set* ficar pronto. A luz e a equipe de câmera trabalham algumas horas antes de o ator ser chamado ao *set*. Diretores tem produtores e diretores de produção acelerando a equipe para poder filmar o mais rápido possível. A atuação, com certeza, será a parte mais curta do processo de filmagem. Portanto, se você não ficar satisfeito com a tomada e achar que pode fazer melhor, mesmo que o diretor tenha ficado satisfeito, peça outra. A maior parte dos diretores gostará de lhe dar uma outra chance, porque poderá chegar a um resultado muito melhor e realmente não leva muito tempo. Mas, se eles forem para o próximo plano, não haverá a menor chance de você voltar a essa tomada mais uma vez.

## ATUANDO NO DIA DA FILMAGEM

Vou lhes dar um panorama do que acontece num dia de filmagem normal. Filmar uma cena está sempre relacionado às necessidades técnicas da câmera, da luz, do *set*, nunca do ator. A filmagem começa a distância, com uma tomada da cena inteira no plano máster, e a partir de então vai se aproximando cada vez mais. Portanto, no início, todo mundo que está na cena será filmado do início ao fim. Então, conforme a câmera vai se aproximando, a filmagem fica mais específica. Geralmente, em nome da eficiência técnica, a câmera filma todos os planos de um lado, ou seja, se aproxima cada vez mais de um dos atores. Por exemplo, se são dois atores na cena, o próximo plano será um médio, ou seja, os atores serão filmados da cintura para cima, seguidos de planos que: 1. mostrem os atores em perfil; 2. favoreça um ator; e 3. faça referência do ombro ou das costas do outro ator. Finalmente, há o *close* em somente um deles. Então, quando acaba o *close* do ator, a câmera vai para o ângulo oposto, a equipe de luz se desloca e o *set* é redirecionado para as mesmas tomadas, agora do outro ator. Geralmente, todas as tomadas são filmadas do início ao fim. Se houver mais de dois atores na cena, o processo será repetido para cada um dos atores. O ator passa a cena do início ao fim, várias e várias vezes, tanto para a câmera, como fora da câmera, sem estar enquadrado, quando apenas serve de referência para o outro ator, mas ele mesmo não está sendo filmado. E isso demora praticamente o dia inteiro.

Você tem que dar o seu melhor no dia da filmagem. No cinema, você tem um único dia para cada cena, assim, precisa estar confiante naquele dia, porque, afinal, você sabe mais sobre a personagem que qualquer um naquele lugar. Se você não sabe, não pode fazer o papel. É simples assim. O diretor pode ter milhões de coisas na cabeça no dia da filmagem, mas o ator só pode ter uma.

## O PLANO MÁSTER

O dia da filmagem começa com um plano máster, como já mencionado, em que os atores fazem a cena inteira, do início ao fim. O plano é grande, é a cena inteira. O ator não precisa definir como vai fazer a cena inteira nesse plano. É uma linha geral da cena. No corte final do filme, o máster geralmente será usado para estabelecer o ambiente, o lugar. Nada ou quase nada de atuação será usado na edição final.

Primeiro, o ator é chamado no *set* para ensaiar a cena com os outros atores, com o diretor de fotografia e com o diretor. A cena ainda não precisa estar decorada. (As "ordens do dia" – as cenas que serão gravadas – foram distribuídas para toda a equipe na chegada do *set*.) Usualmente, é um ensaio super-relaxado. Depois do ensaio, os atores vão para o figurino e maquiagem, enquanto a luz faz os ajustes para a câmera e o cenário dá os últimos retoques.

Durante esse tempo (uma hora ou duas), o ator pode acabar de decorar a cena e, se necessário, ele pode ver qual cena sua vem antes dessa. Não há razão para ficar nervoso. Esse é só o começo do dia.

O ator voltará a ser chamado no *set* e fará mais alguns ensaios para estabelecer as suas marcas. A marca é uma fita crepe no chão, que a equipe de câmera coloca para o ator. Essa marca indica onde o ator deve parar o movimento para entrar em foco no meio da cena. Geralmente isso cria muitos problemas para jovens atores, porque eles ficam muito preocupados com a marca, muito preocupados em acertá-la, e o movimento fica falso, esquisito. E se houver fala enquanto se movimenta, a fala fica cantada, porque ele está preocupado com outra coisa. Mas se você não parar na marca, você fica fora de foco, e a cena é cortada.

O melhor é olhar para a marca e andar até ela várias vezes, só para sentir o movimento. Quando gritarem "ação", esqueça: ou você chega na marca, ou não chega. Agora, ficar preocupado em chegar na marca arrebenta qualquer atuação. Lembre-se, isso é cinema. Se você errar a marca, pode fazer de novo. Não vale a pena chegar na marca e não estar livre. Às vezes, a equipe põe um saco de areia no chão como marca, para não ter erro. Mas não pense nisso quando a filmagem começa. (Dizem que Spencer Tracy andava para sua marca, olhava para o chão para ver se estava certo, e aí dizia a sua fala. Ninguém nunca falou nada.)

Não se dê muito no plano máster, a não ser que o diretor fale que é o plano que ele vai usar na edição final. Faça simples. Não se preocupe em acertar as falas. Você terá muitas tomadas para tentar.

## A CÂMERA CHEGA PERTO

Conforme a câmera chega perto, o foco da cena passa a ser cada vez mais para o ator. Mas ainda há um longo percurso até o *close*. As cenas no cinema podem demorar horas, um dia inteiro ou até mais. E os últimos planos são os fundamentais. É importantíssimo que o ator fique emocionalmente solto durante o processo e que não gaste todas as suas emoções até chegar o *close*. Porque senão, quando chegar a hora em que ele precisa delas, já estarão gastas.

O ator precisa ficar calmo. Deve manter sua concentração disponível para a hora da tomada, mas entre os intervalos de cada plano – pausas de duas horas geralmente – ele não deve pensar sobre a cena ou gastar muita energia. Nas cenas emocionais, jovens atores tendem a se preparar demais e gastar tudo antes dos planos mais importantes do dia. O dia é longo, de dez a quatorze horas. Se você se preparou no dia anterior da filmagem, não se pressione agora. Espere até a hora da tomada para voltar à personagem. Fique calmo e sua concentração estará lá quando você precisar.

## O *CLOSE*

*Close* é o que o cinema tem e o teatro não tem. Com relação aos *closes*, Glenn Close afirma: "Você pode olhar diretamente para a alma de alguém."

O *close* pode ser o plano mais fácil para um ator, ou o mais difícil. Quanto mais próxima a câmera, menos o ator deve fazer. Se ele estiver ali naquele momento, tudo o que ele estiver pensando ou sentindo, qualquer mudança de pensamento ou sentimento, será registrado. A câmera é um instrumento extremamente sensível, de grande captação. Se o ator *mostra* o que está pensando ou sentindo, fica exagerado. *Ele não deve demonstrar seus pensamentos nem seus sentimentos.*

Aí é onde entra a verdade. O ator deve confiar nele, e somente nele, para saber se está sentindo ou pensando. Ninguém pode medir isso nele. Ele tem que saber qual a medida, mesmo quando o diretor lhe peça para fazer mais. Durante a filmagem, o diretor pode estar distraído ou pode estar olhando os atores no monitor, onde reações sutis são difíceis de ver, e lá nada parece estar bom. Nas salas de cinema, o *close* é do tamanho da tela. Se os pensamentos e sentimentos estiverem lá, a plateia vai vê-los. O diretor também verá, quando assistir ao copião dias depois, numa tela de cinema. Não interessa o que tenha lhe pedido durante a filmagem, não gostará de um *close* que esteja "over". Ele pode não ter gostado de você no dia da filmagem, quando você resistiu à sua sugestão, mas vai adorá-lo quando vir o copião e mais ainda, na sala de edição, quando ele estiver montando o filme. Confie em si mesmo e não "atue".

Jim Gandolfini contou-me que a primeira vez que ele contracenou com John Travolta em *O Nome do Jogo* não conseguia ver a atuação de John – mesmo estando a poucos passos dele. Travolta parecia estar não fazendo nada. Mas, quando Jim viu o filme, dentro de Travolta estava acontecendo muita coisa e a câmera registrou.

Há outros aspectos do *close* que podem ser difíceis para o ator. Pelo fato de a câmera estar muito próxima, ele tem que contracenar com uma marca – um x – colado na câmera para referência do olhar. Essa situação estranha é necessária para combinar os ângulos complexos da câmera, que para a plateia está mostrando dois atores conversando – quando na verdade o outro ator pode estar proferindo suas falas fora da câmera, em qualquer outro lugar do *set*. Mais estranho ainda é que às vezes o ator nem está lá. As falas são proferidas pelo supervisor de roteiro, que está atrás da câmera. Nessa situação, que ocorre frequentemente, você não pode forçar sua concentração. Simplesmente fique disponível para a fala, deixando sua imaginação perambular.

Mostre o mínimo possível. Deixe a frase entrar em você. Olhe para o x sem fixar o olhar. Deixe sua imaginação e fantasia tomarem conta. Inspire, expire e fale a frase. Se você não tiver frase para falar, só escute.

Quando, após o seu acidente, Christopher Reeve estava fazendo um "remake" de *Rear Window* (Janela Indiscreta), "o diretor queria fazer um super-*close* – o *close* mais próximo que eu já tinha feito", lembra Christopher. Sua personagem deveria estar sentada perto da janela, olhando as pessoas do edifício em frente. Mas, na verdade, o que ele estava olhando eram duas fitas adesivas amarelas coladas em uma cortina preta. Os atores que fariam as pessoas nos outros apartamentos nem estavam no *set* ainda; eles só iriam filmar à noite. O diretor contava o que estava acontecendo. "Nada podia ser mais artificial", Chris lembra:

ouvir o que estava acontecendo e a proximidade da câmera. Tinha de deixar tudo isso alimentar a minha imaginação e não que tudo me inibisse. Agradeço todo o trabalho que fizemos e à minha experiência de vida, pois nada daquilo me incomodou. Eu não liguei. Meu emocional estava pleno porque eu estava livre.

Chris conta que houve um momento em que

a câmera estava muito, muito perto de mim, e eu estava olhando para a frente, para um apartamento. Uma garota linda estava se vestindo para sair. Primeiro, eu a vejo de calcinha e sutiã, e dou um sorriso de satisfação. Mas depois isso se transforma em saudades e tristeza, pois sou um cadeirante e jamais poderia ser seu namorado ou namorar alguém.

Mesmo com a câmera a dois passos dele, Reeve conseguiu relaxar e acessar suas emoções. Sua imaginação ficou livre no sentido de que "não tinha nada a perder", e não estava se importando se estava sendo filmado. Para ele, isso foi um avanço: "Quando eu me assisto, vejo que não estou preocupado em estar sendo filmado." Ele foi indicado para Globo de Ouro e seus colegas lhe deram o prêmio de Melhor Ator da SAG (Sindicato dos Atores).

## ATUANDO EVENTUALMENTE EM TELEVISÃO

Atuar em televisão é praticamente a mesma coisa que atuar em cinema. Entretanto, há problemas específicos na televisão. A maior parte tem a ver com o tempo. Um episódio de uma hora – quase a duração de um filme – é filmado em sete ou dez dias, enquanto um filme tem uma previsão de filmagem de doze semanas. Portanto, mais cenas por dia são gravadas na televisão que no cinema e o processo faz com que o ator se apresse ainda mais. Porém, a pressa desperdiça o tempo. Causa erros e leva a uma rotina de atuação – escolhas óbvias e melodramáticas, escolhas cômicas que não são engraçadas e emoções excessivas.

Algumas vezes, a pressa é a resposta do ator à pressão de sustentar um seriado de sucesso. Analisando sua longa temporada no seriado *Família Soprano*, Jim Gandolfini diz: "Há vezes em que você reclama dessa merda o tempo inteiro. Você fica, ah, meu Deus, lá vamos nós. Principalmente se você estiver trabalhando muito. Você pensa: 'Se eu fizer mais rápido, talvez eles não reparem. Talvez eles sigam em frente'. Mas você não pode fazer isso." A pressa aparece.

Quando preparo um ator de televisão, tento sempre desacelerá-lo. Acho que se conseguir que ele aproveite essas duas ou três horas que estiver trabalhando comigo, vou conseguir abri-

-lo de novo para suas próprias reações. Tenho que lembrar ao ator para que confie em si mesmo e esse lembrete precisa ficar com ele. Então, mesmo em frente da câmera, quando o ator é pressionado para ir mais rápido, um pedaço dele diz: "Confie em você. Curta o tempo. Respire. Explore."

Investir no tempo de preparação ajuda o ator a se sentir livre e sem pressão no *set*. Quando James Gandolfini me trouxe o primeiro episódio de *Família Soprano*, depois de termos trabalhado no programa piloto, falei que ele deveria decorar o texto e se preparar dias antes do roteiro de gravação, se quisesse ficar relaxado e disponível na frente da câmera. A quantidade de texto para decorar pode ser assustador no começo. Mas assim que você entra na rotina de gravações, fica cada vez mais fácil e mais rápido, sobretudo se você continua a tirar o texto da página apropriadamente. Conhecer os outros atores e suas personagens também ajuda. Você começa a escutar suas falas conforme vai estudando o roteiro. Quando estiver filmando, você somente tem que escutar, e sua fala virá como uma resposta normal para aquilo que você ouviu.

## ATUANDO EM GRANDES PAPÉIS NA TELEVISÃO

Jim Gandolfini recorda que o ajudei logo no início do nosso trabalho quando disse: "Você não precisa saber sobre o que é a cena quando está atuando. Às vezes, na vida real, você não sabe realmente o que você quer ou o que precisa." Num seriado de televisão, as personagens principais atravessam muitos capítulos. Os autores estão sempre reescrevendo os capítulos e as cenas até o último momento antes de começar a gravar. O ator nem sempre sabe para onde vai a história de uma semana para a outra e também não tem a menor ideia do que vai acontecer depois. Vá no fluxo. De outra forma, o seu esforço para ter uma lógica na história vai aparecer e sua atuação ficará repetitiva, previsível e melodramática.

Mesmo quando você sabe para onde a história está indo, nunca a *represente*. Para fazer com que um protagonista de seriado de televisão fique multidimensional, você tem que atuar, estando presente em cada momento. Reaja às falas e deixe-se levar pelas mudanças de cena. Sem mostrar o subtexto da cena, o ator deixa a história ser contada por si mesma, e abre grandes possibilidades para a personagem ter reviravoltas e surpresas.

Ao mesmo tempo, um protagonista de uma série não pode querer fazer cada momento acontecer. Se ele tentar, vai se desgastar nos primeiros episódios e desgastará o público junto com ele. Ele tem que simplesmente estar disponível ao momento, sem se censurar nem se levar muito a sério. Aparecerá sempre outro momento para ser estimulado.

"Você é o papel principal. Deixe os outros atores chegarem até você", Jim lembra do que eu lhe falava. Ele elabora melhor:

Eu estava cercado de grandes atores – Edie Falco, Lorraine Bracco, Michael Imperioli. Tenho a maior admiração por essas pessoas, o jeito que elas chegam e fazem aquilo tudo. Se eu tivesse tentado liderar, controlar as cenas – estaria chovendo no molhado. Você disse: "Deixe-os fazerem as coisas deles e você só tem que ficar lá, reagindo."

Muitos estudantes dizem que adoram ver Jim Gandolfini atuando, porque ele é vivo em cada momento, em cada fotograma. Eles esquecem de onde ele está vindo e não conseguem adivinhar para onde está indo. Quando conto isso para o Jim, ele diz: "É porque talvez eu não saiba mesmo o que vou falar depois."

Num episódio de *Família Soprano*, Tony fica irritado com um telefonema e começa a quebrar o telefone da cozinha com o próprio aparelho. No fim, ele arranca o telefone da parede. Jim me contou que logo antes da tomada, avisou o diretor, Robert Iler, e o ator que fazia o seu filho para aguentarem firme. "Um pedaço do telefone quase voou na cabeça dele. Ainda bem que não o atingiu. Foi parar na pia. Foi tudo surpresa. É a melhor coisa do mundo, quando acontece." Surpresas no *set* não são boas só para o ator, são boas para todo mundo. Mas o ator não vai surpreender a plateia, se ele estiver pensando no que vai acontecer depois, nem no que vai ter de falar em seguida. Você não pode planejar uma surpresa.

Atuar é atuar, seja no cinema, no teatro ou na televisão. Com exceção dessas diferenças que apontei, um ator que faz o protagonista de um seriado de TV deveria fazer o que ele sempre faz – procurando um jeito de se libertar da "atuação", estando presente momento a momento, deixar sua intuição e suas emoções o levarem para onde for, confiando no roteiro para esculpir a personagem.

Entretanto, um ator jovem que entra num papel grande numa série, sente a pressão do seu treinamento massacrando-o. Chris Noth contou-me que quando estava fazendo *Law and Order* (Lei e Ordem), "o primeiro ano foi um desastre. Aquele monte de informação – essa técnica, que na escola colocam na sua cabeça – faz com que você se sinta inadequado". Ele estava falando das técnicas que aprendeu na escola de atuação e que ele sempre tentou aplicá-las nesse seriado.

Eu tinha de fazer aquela coisa toda. Se eu não fizesse todos aqueles exercícios, meu talento ou minha intuição desapareceriam. Estou contando a história e daqui a pouco, nada mais é real. Você está pensando sobre aquilo tudo e o momento escapa de você. E em *Lei e Ordem,* tenho um texto que é cheio de procedimentos, referências de outras personagens – truncado, todo *staccato*.

Chris ficou em cartaz como protagonista durante vários anos.

Mas, finalmente, achei que o meu melhor trabalho foi mais para o final, quando não ligava para porra nenhuma e ficava ali atuando, naquele momento – ficava no momento, com o texto. Nessa época, eu já tinha feito toda uma pesquisa, que não me adiantou muito no primeiro ano. Mas funcionou quando relaxei, quando não estava representando. Eu não estava apresentando a minha pesquisa, simplesmente estava atuando naquele momento.

## ATORES CONVIDADOS PARA PARTICIPAÇÕES E PEQUENOS PAPÉIS NO CINEMA

O maior problema que os diretores têm com os pequenos papéis de um filme ou as participações na televisão é que querem deixar uma boa impressão. O ator quer fazer uma refeição inteira em vez de somente um lanche. E quando todos os outros atores já têm uma sintonia, chega esse ator, querendo fazer de seu pequeno papel, um papel importante. É extremamente desagradável. Todos reparam.

Jim Gandolfini diz que fazer papéis pequenos exige mais do ator que um papel principal.

Às vezes, a personagem tem quatro ou cinco cenas. Ele está lá por alguma razão. Então você tem que descobrir. "Tá bom, como é que é a vida desse cara?" Não está no roteiro. Você tem que trabalhar dez vezes mais, porque nada está lá. Tony Soprano é fácil fazer porque está tudo lá. Não tenho de preencher as lacunas. Para qualquer lugar que eu olhe, não tem buraco. É mais difícil um cara chegar e simplesmente ficar lá, ter umas poucas falas e não ter realmente nada que me impulsione.

Em papéis como esses, o importante é não chamar muita atenção quando você atuar. A maneira de fazer isso, paradoxalmente, é se preparar como se você fosse a personagem central do seriado ou do filme. Pense como se você estivesse na série toda semana ou no filme durante a filmagem inteira. Imagine que a cena que você fará é somente uma das muitas que ainda virão. Não tente fazer muito. Converse consigo mesmo antes de cada tomada. Fale para si próprio: "Tenho vivido essa personagem. Conheço-a melhor que ninguém. Essa é só uma outra fala, outro pensamento, outro momento em sua vida." Não supervalorize o trabalho. Você ficará mais seguro e sua atuação também será melhor.

Não importa a personagem que fizer, prepare-se sempre. Qualquer coisa que você não saiba, pesquise ou tente descobrir. Deixe as falas, não importa quantas, levarem a sua imaginação. Mas faça isso sempre intuitivamente. Não se force para ser "criativo" – compondo coisas para a personagem só porque você acha que deve criar. Deixe a personagem conversar com você e permita que ela o leve para onde for.

## PAPÉIS CÔMICOS

Se você pega um papel numa *sitcom*, lembre-se sempre de que toda atuação é em cima da personagem. Eu sei, *sitcoms* têm que ser engraçadas. O diretor falou isso, o autor, o produtor, os produtores executivos e todos os seus amigos atores. Então, você pode ficar tentado a parecer excessivo, bobo, exagerado para agradar mais rapidamente.

Não faça isso. Esse tipo de atitude só vai banalizar sua atuação e uma personagem só faz sucesso se ela tiver o seu humor específico. É verdade, a atuação em *sitcoms* geralmente é mais exagerada que a atuação em seriados dramáticos. Os melhores atores de inesquecíveis *sitcoms* ficaram famosos por causa das suas *personagens* e não pela atuação em si. Fizeram personagens exageradas, incríveis, extravagantes – mas extremamente reais. O público pode não achar engraçado uma atuação exagerada, mas uma personagem na qual o público *acredita* e gosta pode ficar *excessiva* e o público vai achar engraçado.

Para um ator ser engraçado em uma *sitcom*, no cinema ou no teatro, ele deve ser incrivelmente sério. Atuar na comédia é concluir um tema ou uma ideia de uma forma não lógica. É a Lucille Ball trabalhando numa fábrica de chocolates, entupindo sua boca com eles enquanto a esteira passa, por não conseguir embrulhar todos. Não é lógico para nós, mas é completamente lógico para Lucille. Afinal, falaram que ela não podia deixar na esteira nenhum chocolate, porque senão seria despedida. Então, quando não consegue embrulhar um, ela come o chocolate, depois outro, depois outro. Os que ela não consegue pôr na boca, esconde no sutiã. Ela não consegue mais engoli-los. Começa a passar mal. Mas ainda entope a boca com mais chocolates porque não quer ser despedida.

Se um momento não é lógico para o público, mas lógico para a personagem, vai ficar engraçado e verdadeiro. Quanto mais absurdo para o público e mais coerente para a personagem, mais engraçado será.

## CHEGANDO AOS MOMENTOS DE GRANDE EMOÇÃO

Momentos de grande emoção no palco, no cinema ou na televisão podem ser assustadores para jovens atores, porque eles morrem de medo da emoção não aparecer na hora certa e todos ficarem decepcionados com seu trabalho. Então, carregam muito mais a emoção que realmente precisam, o que piora tudo. Eu sei porque já passei por isso. Quando estava começando como ator, achava dificílimo me emocionar no palco como me emocionava na vida. E todos os exercícios para liberar as emoções só aumentavam o meu medo de não me emocionar em cena.

Este livro é uma forma de poder ajudar jovens atores a lidar com seus medos, colocando a sua concentração no que realmente importa – estar no momento sem se censurar – para poder acessar a intuição e a emoção. Esse processo vai ficando mais fácil conforme vai ficando mais velho, simplesmente porque à medida que vai envelhecendo, vai se importando menos com o que os outros pensam. Quando fazemos uma coisa que realmente nos interessa e queremos muito, nossas emoções também aparecem. São um produto natural da audição e da reação. Não acredito que um ator precise fazer alguma coisa especial na hora de acessar suas emoções. Qualquer sentimento que aparecer pode ser usado pela personagem.

Cada ator acha a sua maneira de acessar suas emoções em um determinado momento. Glenn Close explica muito bem, quando diz, "atores são como rádios de carro. Você põe "sintonizar", e assim ficamos pra frente, pra trás, pra frente, pra trás, até nos sintonizarmos com alguma coisa da qual podemos extrair alguma reação. Estamos sempre procurando sintonizar com estações emocionais". Não importa como a acessamos, contanto que estejamos abertos ao texto e para nós mesmos – e não só para as nossas lembranças, mas também para a nossa imaginação.

Para mim, surpresa é o maior elemento. Em cada tomada, vou para um lugar diferente, para me surpreender, para ver o que acontece. Às vezes, grito em lugares inapropriados ou faço uma pausa que não existe. Se não funciona, sempre tenho outra tomada e outra surpresa. Procuro sempre ser corajoso na tomada e não tento ficar acessando a emoção. Se você estiver bem preparado, essa é a hora de você arriscar – ir para algum lugar novo, fazer algo diferente, chocar a si mesmo.

Entretanto, às vezes temos que acessar rápido um momento extremamente emocional. No teatro não é tão difícil. Em geral, a peça desenvolve um caminho para a personagem e, se ele realmente ouvir e falar, momento a momento, naturalmente construirá o caminho para chegar na grande emoção. A sua resposta natural ao texto vai levá-lo aos seus sentimentos, desde que estes também estejam disponíveis. Se o ator estiver preocupado com a emoção que ele acha que precisa atingir mais tarde na cena, ficará distraído por isso e incapaz de se concentrar no momento presente. Não estará ouvindo e respondendo e começará a sentir medo. Ele perceberá que está sem emoção alguma. Então, tentará resgatar seus sentimentos e é isso que a plateia vê.

No cinema e na televisão, quando não temos o luxo de filmar em sequência, podemos sempre confiar no roteiro para provocar nossos sentimentos. Algumas vezes, por razões técnicas, uma cena não é filmada do princípio ao fim. Por exemplo, se a cena começa no quarto, desce as escadas, continua na sala de estar, depois na cozinha e de volta para o quarto, o começo e o fim serão filmados primeiro, para acomodar a câmera e a equipe. Assim, no cinema, é difícil uma emoção atravessar a cena toda. O ator deve ser capaz de chegar rapidamente àquela emoção – principalmente se for uma grande emoção – para um grande *close*.

Não acredito muito em exercícios para o ator, mas desenvolvi um para ajudar o ator, que já pensou e preparou a cena e que ainda quer explorá-la, a acessar uma emoção mais profunda. Jim Gandolfini chama esse exercício de "o lance da respiração". É assim:

Faça uma respiração curta e prenda. Contraia e relaxe seu diafragma num ritmo muito rápido, até que você sinta como se ele estivesse vibrando. A sensação é de como se estivesse muito ofegante. Deixe seu peito inteiro começar a vibrar. Isso permite que o plexo solar, que está no centro de seu peito, entre as costelas, vibrar também. Deixe sua mente livre – passando memórias, imagens ou pensamentos relacionados à cena que você está fazendo e à emoção que está explorando. Sua respiração deve estar presa na vibração, como se você não conseguisse expirar facilmente. A sensação pode fazê-lo lembrar-se do que sentia quando criança, num acesso de soluço: seu diafragma se contraindo em espasmos e a respiração presa. As imagens podem ficar mudando. Rostos diferentes ou experiências podem emergir, ser lembradas ou imaginadas. Não importa se o sacudir for estranho, o importante é chacoalhar.

Continue até acabar o ar. Então, respire de novo e comece o exercício novamente. Repita por vinte minutos, não mais. Você ficará surpreso de como os sentimentos afloram rapidamente. Em pouquíssimo tempo, estará chorando ou furioso. Quando isso acontecer, pare! Não dá para fazer mais nada, nem por cinco minutos, você estará desgastado.

Vejam o que aconteceu comigo, quando eu estava fazendo esse tal "lance da respiração":

Inspirei e deixei meu diafragma começar a vibrar muito rápido. Vi o rosto de minha mãe. Continuei a fazer vibrar o meu peito. Vi minha mãe no enterro de meu pai, empurrando o caixão de tal maneira que ele balançava para a frente e para trás, nas cordas de lona que serviam para baixá-lo à sepultura.

Deixei o ar entrar e sair de novo: respiração rápida, prendi, sacudi o diafragma. Vi o rosto de minha mãe em sua mortalha, em seu caixão simples. Não consigo respirar, então deixo o ar sair.

Com a próxima respiração, a vibração vem muito rápido. Estou com frio. Surge o rosto doce de minha mãe como um bebê de fraldas, dormindo. Vejo o rosto de minha avó, e de meus tios, no dela. Já havia visto essas imagens antes, mas o exercício fez com que elas voltassem, uma após a outra, me inundando de emoção. Não segurei. Deixei meus sentimentos fluírem desde a parte de trás da minha cabeça, pelos seios da face, até os meus olhos. Deixei as lágrimas caírem. Não penso se elas são suficientes.

Fico alguns minutos esperando minha respiração voltar ao normal e vou me desapegando da imagem. Quando eu estiver respirando calmamente, o exercício estará terminado.

No início, você pode ficar distraído com os aspectos técnicos do processo, até se acostumar com a respiração. É possível que fique com a cabeça muito leve quando fizer o exercício. É assim mesmo. Ele funciona mudando seu padrão de respiração, ignorando as respostas usuais distanciadas e indo direto para os nossos sentimentos, quando somos estimulados por uma imagem ou pensamento que tem um real poder emocional – associamos as emoções fortes com o estado de agitação corporal que criamos artificialmente. O chacoalho prolonga e intensifica o sentimento, não te deixando sair dele facilmente.

Em outras palavras, o exercício joga o ator em um estado fisiológico, que gera uma grande quantidade de imagens intensas, pensamentos e emoções típicas desse estado, e que estão indelevelmente associadas ao que temos de mais profundo.

"Jogue tudo fora", Jim Gandolfini fala sobre "o lance da respiração". "Quando você faz aquilo, acessa muitos lugares rapidamente. Ajudou-me muito, porque quando estou fazendo a *Família Soprano*, às vezes só tenho tempo de trocar de figurino e ir para outra cena, onde tenho de estar zangado." Jim faz esse exercício no trailer, e relata: "Você fica zangado muito rápido."

Bernadette Peters usa "o lance da respiração" não só no cinema, mas no concerto também. Ela me contou, "Eu tenho que mudar de clima muito rápido – ir para uma canção emocional, num lugar emocionante, um lugar em que eu gostaria de estar – e só tenho a introdução da música seguinte. Então, viro de costas para a plateia e faço 'o lance da respiração' para me preparar. Isso acorda a gente!"

Para esse exercício ficar confortável, você tem que fazê--lo toda noite, durante um período de várias semanas. Cada noite, pegue uma emoção diferente, a não ser que você já esteja filmando. Nesse caso, use a emoção que vem da cena. Não se sinta obrigado a ficar nessa emoção. Deixe sua mente perambular pelos sentimentos que aparecerem. Não fique obsessivo querendo fazer os exercícios com perfeição. Não existe o "jeito certo" – cada um faz do seu jeito.

Não julgue o sucesso do exercício pelo quanto chorou ou pela intensidade das coisas que sentiu. Jamais julgue seus sentimentos, porque você sempre vai achar que não foi suficiente, então vai acabar exagerando. Na noite seguinte, faça o exercício de novo. Talvez nada aconteça. Tudo bem. Trabalhe durante uns vinte minutos e pare, mesmo que nada tenha acontecido. Na noite seguinte, tente de novo.

Quando estiver familiarizado com esse exercício, poderá usá-lo para dar um *start* em suas emoções, numa cena específica. Durante o período antes da filmagem, faça o exercício por vinte minutos todas as tardes. No dia da filmagem, comece-o logo antes de ir para o *set*, mas pare quando a emoção começar a aparecer. Então, dê um tempo. É como se você se bombeasse o tempo todo, para somente soltar no momento da filmagem,

ATUANDO NO CINEMA E NA TELEVISÃO

deixando a surpresa acontecer na frente da câmera. Quando estiver no foco, não faça nada especial – apenas faça a cena. Você encontrará a emoção pipocando em você, em diferentes regiões. Deixe acontecer. Não tente controlar. Você treinou, vai acontecer por si mesmo. Mas, se a emoção não estiver lá na hora da tomada, faça o exercício na frente da câmera, durante a tomada. Isso mesmo, comece a se sacudir. Deixe sua mente vagar. Imagine o frio. Permita que o sentimento emerja até os seios da face, entre as orelhas. Deixe sair quase como se você fosse freá-lo. Mas não freie. Conceda-se ser preenchida por ele e tudo fluirá.

Isso não é um truque. Os pensamentos e os sentimentos são seus. Desorientar a respiração é somente outra maneira de atacar o seu medo de não ter um sentimento "verdadeiro" na hora que você precisar. Mas nem sempre você consegue chegar lá, não é porque o mandam chorar ou ficar zangado, que sempre irá conseguir. Você tem que ter feito o trabalho para entender a cena e para poder explorá-la de uma forma pessoal. Tem de acreditar e querer reagir; tem que ser importante para você.

Gostaria de fechar este capítulo com uma experiência que tive quando estava preparando atores no *set*.

Aaliyah veio estudar comigo quando tinha dezenove anos e já era uma cantora de blues de grande sucesso, com dois discos de platina. Apesar de ela nunca ter atuado antes, vi que tinha um talento natural, uma pegada agressiva e muita disciplina. Também sabia que rapidamente seria chamada para algum filme. Trabalhamos cenas e monólogos de Tchékhov e Shakespeare, Sam Shepard e outros contemporâneos, três vezes por semana e às vezes mais. Aaliyah era por natureza tímida e delicada, então começamos a trabalhar sua raiva e outros sentimentos mais violentos.

Como eu esperava, em seis meses, Aaliyah foi convidada para fazer a antagonista de Jet Li, de *Romeu Tem que Morrer*. Joe Silver, o produtor, e Andrzej Bartkoviak, o diretor, me pediram para ir ao *set*, em Vancouver, preparar Aaliyah e também Jet.

Antes de a filmagem começar, tínhamos algumas semanas. Trabalhava com cada ator sozinho todo dia, por algumas horas, percorrendo o roteiro inteiro, na sequência e também trabalhava com o diretor nos ensaios com os outros atores.

A personagem de Aaliyah era divertida, amorosa, inteligente, espirituosa, séria, zangada. No roteiro, ela tinha duas cenas que eram um desafio para qualquer atriz. Numa cena, ela vê o irmão morto sendo levado para o necrotério num saco plástico preto, depois de ter sido jogado da janela de um arranha-céu. Ela acusa o pai de ter sido responsável pela morte do irmão. Na outra cena, ela conta a Jet uma história, dela e do irmão quando eram crianças, e acaba revelando que o irmão foi assassinado. Íamos filmar a segunda cena de manhã bem cedo. Então, enquanto Aaliyah trabalhava em cima do roteiro como um todo, eu também a preparava emocionalmente para a cena.

Aaliyah era muito próxima de sua família e esse era, portanto, um tema que tinha muito potencial de emoção. Ela tinha um irmão que adorava, então conversamos sobre a preocupação que tinha por ele. Fizemos um tempo "o lance da respiração", indo para a região da emoção. No início, foi difícil para ela deixar as coisas irem por si. Ela sempre chegava em um lugar verdadeiro e tocante, mas não conseguia fazer o sentimento aflorar. Não fiquei surpreso. Afinal, ela era uma atriz muito jovem e era o seu primeiro filme. Seus dias eram cheios de provas de roupas, provas de maquiagem, testes de câmera, ensaios, textos reescritos. Tudo era muito rápido, a não ser as horas que tínhamos juntos todos os dias, quando ela podia realmente trabalhar no papel.

Logo a cena com Jet estava quase pronta. Três dias antes, começamos a focar mais intensivamente essa cena, além do material que já estava sendo filmado cada dia. Na noite anterior da filmagem, ensaiamos de novo. Aaliyah estava preocupada porque não se sentia totalmente livre emocionalmente.

Eu sabia que iríamos ter um dia longo, mas tinha confiança no talento dela. Minha única preocupação era que, sob pressão, suas emoções refugassem. Ou ela poderia chegar na emoção cedo demais, se desgastando para a hora do *close*.

Na manhã seguinte, bem cedo, nos encontramos no *set*, um quarto pequeno. Não tínhamos ensaiado a cena, pois falei que teríamos muito tempo no *set*. Primeiro haveria um ensaio para a câmera e a luz, depois os planos iniciais – um máster e dois planos favorecendo Jet. Falei para Aaliyah se poupar. Depois do ensaio, fomos para um lugar sossegado preparar as cenas, conforme os planos do dia.

A história que a personagem de Aaliyah conta para Jet era sobre uma brincadeira que ela e o irmão faziam com a mãe, quando eram crianças. O irmão fingia que tinha tido um ataque e ela corria para a mãe pedindo ajuda. Quando a mãe chegava, ele se levantava e a surpreendia. A brincadeira a assustava tanto que ela se acabava de chorar, ao mesmo tempo que ralhava com eles. Nesse momento da história, a personagem de Aaliyah se quebrava, revelando para Jet a verdade: "Eles o mataram. Eles mataram o meu irmão maravilhoso."

Fiz Aaliyah fazer "o lance da respiração": inspirar, prender, deixar a respiração começar a sacudir o corpo, sentir o frio, deixar a mente divagar, se perder, ver o irmão, continuar a tremer, segurar a respiração até não aguentar mais, aí expelir o ar e começar de novo. Depois de alguns minutos, parei. "Bom", eu disse. "Mas eu não cheguei lá", ela disse desesperada. "Certo", respondi, "ainda não. Temos ainda um longo caminho".

Aaliyah foi fazer o plano máster da cena. Eles fizeram uma porção de tomadas e ela foi bem em todos elas. Depois do plano máster, a equipe trocou a luz para os planos médios favorecendo Jet. Isso levou algumas horas. Nesse tempo, fiquei com Aaliyah, longe da equipe, para sua energia não ser sugada. Conversamos sobre uma porção de coisas.

Os planos médios também funcionaram muito bem. Jet e Aaliyah também estavam começando a se conhecer, mas ele parecia tocado pela atuação dela. Havia três câmeras. Uma estava no plano médio de Aaliyah. O *set* inteiro estava começando a ficar tenso, como sempre fica quando será feita uma cena muito emocional. Às vezes, essa pressão se torna intolerável para alguns atores.

Esperamos mais duas horas para os *closes*. Aaliyah e eu continuamos conversando. Contei algumas experiências violentas que tive e que me davam raiva; ela contou da doença da avó, sua preocupação com o pai, com o irmão; contei de minha mãe no enterro de meu pai. Comentamos diversas experiências diferentes. Devo ter chorado umas dez vezes. Mas Aaliyah ainda estava com muito medo de chorar. De novo fizemos "o lance da respiração", e de novo mandei-a parar antes de ela acabar.

Fomos chamados no *set*. Conversei com Jet, que também treinei o dia inteiro. Eles fizeram um ensaio para a câmera e para

130 COMO PARAR DE ATUAR

a luz. Uma câmera estava no plano médio de Aaliyah, a outra em *close* nela e a terceira em *close* no Jet. Pedi para o diretor filmar o ensaio, no caso de ser a melhor tomada. Ele filmou. Foi uma boa tomada, mas não tão boa quanto eu pensava que iria ser.

Tudo estava pronto para o *close* de Aaliyah. Chequei com o diretor para ter certeza de que estava realmente tudo pronto. Com uma cena desse tamanho e com uma atriz tão jovem não queria arriscar perder a tomada em que ela estivesse plena por causa de razões técnicas.

Fui para trás do sofá onde Aaliyah estava sentada e me debrucei para falar com ela, de modo que ninguém ouvisse.

"Respire."

Ela respirou.

"Prenda", disse. "Vá para dentro de você, veja seu irmão maravilhoso e deixe isso sacudir você."

Ela fez.

Então eu falei: "Agora só conte a história, simplesmente, como uma criancinha. Mas quando você chegar na fala, 'Eles mataram ele. Eles mataram meu irmão maravilhoso', grite! Eu quero que você fale tão alto que assuste o Jet."

"O quê?" ela disse, entrando em pânico. "Você nunca me disse para fazer isso antes."

"Eu sei", respondi. "Mas faça. Grite com ele. Assuste-se com você mesma! Grite!"

Saí. Ela estava tremendo, mas eu sabia que iria dar conta. Ela estava forte e bem preparada.

"Ação", gritaram. Aaliyah começou a cena. Contou a história. Ela estava obviamente chateada, mas continuou. Estava simples e linda, como se estivesse distraída com uma terrível verdade. De repente, se surpreendendo e a todos nós, ela gritou para o Jet ferozmente, "Eles mataram meu irmão!" Sua raiva explodiu e suas lágrimas começaram a pular. "Meu irmão maravilhoso." Ela acabou a fala em lágrimas, como uma criancinha – ela estava tão perdida, tão fresca, tão inconsolável.

O diretor gritou, "Corta". Corremos para Aaliyah. Ela perguntou: "Foi bom?"

"Foi, foi bom", eu disse. "Foi melhor que bom."

A tomada de Jet também foi muito boa, porque ele simplesmente se permitiu responder à atuação de Aaliyah.

O diretor e o produtor ficaram excitados e aliviados. "Temos a cena", Andrzej disse. "Vamos embora pra casa."

Fiquei orgulhoso dessa atriz jovem e tão fantástica. Uso essa história porque Aaliyah é o exemplo de uma atriz talentosa, jovem, que teve de encarar um momento de grande emoção na cena. Ela estava preparada. Estava com os sentimentos, estava em contato com eles e com a cena. Seu medo de não conseguir acessar a emoção na hora certa poderia ter estragado a cena toda. Ela precisava de uma última peça do quebra-cabeça para decolar: precisava se surpreender para poder ficar à beira do abismo. Precisava ficar em dúvida sobre o que fazer e confusa o suficiente para não ligar para onde estava indo.

Dei a surpresa para Aaliyah, mas você tem que aprender a dar a surpresa para si mesmo. Você deve fazer a melhor preparação possível e então confiar em si mesmo para ir, na frente da câmera, a algum lugar que você não sabe qual é. Vá para o desconhecido e descubra-o no momento. Sua intuição o conduzirá para o melhor que você tem a oferecer.

Aaliyah só fez outro filme, no qual também a preparei, mas não pude ficar no *set* a seu lado. Ela morreu em um acidente aéreo, antes de termos uma oportunidade de conversar sobre nosso trabalho juntos. Sinto saudades de trabalhar as grandes peças e os vários filmes que ainda faria tão brilhantemente.

# 6. Atuando nos Grandes Papéis

> *É o que Hamlet diz aos atores: "Moderação em tudo, mas nada de contenção exagerada." Suponho que uma definição mais apurada sobre atuação é atacá-la do jeito certo. É simplesmente perfeito, mas não é a perfeição. É saber deixar de lado, aperfeiçoar, jogar fora. Ou saber quando fazer um banquete daquilo. É intuitivo.*
>
> KEVIN KLINE

Geralmente pensamos nos grandes papéis – Hamlet, Lear, Viola, Ofélia, Otelo, Desdêmona – como o momento da carreira de um ator de maior prova de seu talento e habilidade. E eles são. Mas os grandes papéis, os papéis multidimensionais, também oferecem lições importantes na concepção e desenvolvimento de personagens para os atores em todas as fases de sua formação e crescimento. Eles nos obrigam a desistir de tentar controlar a personagem, e temos de deixá-la brincar conosco. Expõem nossos truques de atuação, os truques que fazemos com as nossas vozes, corpos e emoções – incluindo aqueles pelos quais fomos elogiados no passado. Expõem especialmente os truques que fazemos nos diálogos – substituindo verdades simples por trejeitos de leitura e dramatizando nossas emoções, em vez de deixá-las vir à tona intuitivamente.

Os grandes papéis exigem tudo de nós, e mais um pouco. Fazendo Hamlet, por exemplo, você não pode atuar apenas a sua ideia de Hamlet. Você tem que trazer todas as suas experiências da vida – toda sua raiva, seu amor, paixão e sensibilidade, bem como todos os seus conhecimentos, inteligência e capacidade de concentração. E mesmo tudo isso pode não ser suficiente. Temos de nos tornar pessoas maiores para sermos grandes o suficiente para tal papel. E esse é o desafio primordial e o prazer de atuar.

## AUMENTANDO SUA GAMA
## DE EMOÇÕES

Grandes papéis aumentam sua gama de emoções. É por isso que trabalho no repertório clássico com os atores iniciantes e porque, em 1987, criei o Classical Workshop, no Festival Shakespeare de Nova York. A ideia do workshop foi apresentar Shakespeare e outras peças clássicas aos atores, bem como levar atores com experiência em clássicos a atuarem em papéis que ainda não tinham feito. Aidan Quinn viria explorar Marco Antônio em *Júlio César* e Peter Coyote exploraria Cássio, Kevin Kline e Phoebe Cates tentariam Romeu e Julieta.

Desenvolvi oficinas de uma e duas semanas em que os atores começavam com sonetos para ficarem confortáveis com o verso, mudando para os solilóquios de personagens que poderiam fazer em um dia e, em seguida, abordava cenas complexas com outros atores. Os atores ficavam quatro horas por dia, em pequenos grupos, numa imersão na linguagem de Shakespeare, explorando suas personagens. Foi uma experiência e tanto assistir Sally Field atacando o papel de Hermíone, em *Conto de Inverno*; Diane Wiest explorando Lady Macbeth como uma esposa amorosa, e não a megera como é tão frequentemente retratada; Goldie Hawn encontrando a simplicidade da verdade em um soneto; Joel Grey como um encantador e assustador Ricardo III, seduzindo uma jovem chorosa, cujo marido ele próprio tinha matado; Cicely Tyson como Gertrude, descrevendo a morte de Ofélia em *Hamlet*; Kris Kristofferson adentrando às profundezas do monólogo de Macbeth "Amanhã e amanhã e amanhã". A riqueza da exploração de Shakespeare arrebatou todos esses atores – até mesmo os mais experientes deles – para novos lugares, dando-lhes novas perspectivas sobre a condição humana, bem como a sua própria maneira de atuar. Eles responderam ao trabalho como se tivessem chegado a um oásis, onde poderiam atuar e se reabastecer da linguagem profunda de Shakespeare.

ATUANDO NOS GRANDES PAPÉIS     135

Quando trabalhei com Glenn Close em Cleópatra, o texto iluminava uma sensualidade nela que eu não tinha visto antes. Ela era engraçada, tímida, petulante, irritante, irritada, mimada, sexy, amorosa e, ainda sim, profundamente tocada por uma grande perda. O brilhante diálogo de Shakespeare permitia à Glenn explorar essa complexa personagem em profundidade, mesmo no curto período de tempo que tivemos na oficina. Embora ela ainda não tenha feito esse papel no palco ou no cinema, o público tem visto as qualidades que descobriu em muitos dos papéis que ela já fez em filmes: a marquesa de Merteuil, em *Ligações Perigosas*, a jovem editora eroticamente predatória com quem Michael Douglas se envolve, em *Atração Fatal*, sua Gertrude no *Hamlet*, de Franco Zeffirelli, Sunny von Bulow, em *Reversal of Fortune* (O Reverso da Fortuna).

Você descobrirá a importância de trabalhar em grandes personagens por conta própria, mesmo se não tiver a chance de interpretá-los no palco. Eles farão de você um ator mais poderoso e o colocarão mais profundamente em contato com seus sentimentos, revelando até mesmo aspectos ocultos de sua personalidade. Eles trarão à tona o melhor e o pior dentro de você e isso irá ajudá-lo a crescer como ator e como ser humano.

Para fazer Hamlet, você não deve ser somente o belo, inteligente e esperto príncipe, mas também grotesco, louco, astuto e vulgar. Ofélia fala sobre Hamlet:

> Vejo agora essa razão nobre e soberana,
> Descompassada e estrídula como um sino rachado e rouco.
> A forma incomparável, a silhueta da juventude em flor,
> Queimada no delírio!*

E de fato ele é violento e odioso com a mãe. Ele se emociona com o ator mais velho em um momento e, no próximo, está tomado pelo desprezo. É um esgrimista consumado, que mata Polônio e Laertes com pesar, mas também é o cruel assassino que mata Claudius sem remorso.

E ele tem humor. Hamlet pode ser, e é, engraçado, embora seu humor seja muitas vezes obscuro. Ele é inteligente e também astuto e cruel com Rosencrantz e Guildenstern; sabe que o

---

\*   Tradução de Millôr Fernandes, *Hamlet*, Porto Alegre: L&PM, 1988, p. 66 (N. da T.).

estão traindo por Cláudio, então faz uma série de piadas à custa de Polônio, por exemplo, quando responde à pergunta idiota: "O que você lê, meu senhor?" com um literal, "Palavras, palavras, palavras". Quando Kevin Kline fez Hamlet, atuou nessa cena sentado de uma forma bem estranha, como se estivesse sentado numa cadeira com uma perna cruzada sobre a outra e um livro no colo – mas não havia nenhuma cadeira. Ele respondeu, continuando a ler, "Palavras, palavras..." Houve uma pausa, Kevin continuou a ler, então virou a página e disse, "Palavras". A mudança de ritmo fez o público rir. Ele também destacou o humor e brilhantismo dessa famosa fala.

Para fazer um homem de tantas facetas como Hamlet, um ator deve se entregar ao texto e deixar que ele o leve aonde quer que vá.

## O PAPEL DA IMAGINAÇÃO

Os grandes papéis irão ajudá-lo a explorar quem você é, mas lá você não encontrará o suficiente para preencher o papel. Se tentar limitar essas personagens ao que já sabe e sente, você será muito pequeno para habitá-las. Se quer ser justo, deve voar até elas – ao invés de arrastá-las para baixo de você – expandindo sua gama de conhecimentos e fortalecendo sua imaginação. Sua imaginação deve se tornar tão real e importante para você como suas memórias e sentimentos. Para isso, você precisa estar disposto a estudar as coisas que ainda não conhece, e deve estudá-las em tal profundidade que *o estudo se torna você próprio*. O que você leva dentro de si mesmo sobre o comportamento humano, política, sociologia, história da Idade Média e da Renascença, e assim por diante, vai lhe permitir chegar a lugares em si mesmo que não sabia que existiam antes. Você não pode generalizar nenhuma fala, nenhuma imagem e nenhum pensamento. Deve compreender e sentir cada fala de uma maneira específica e pessoal. Seu trabalho sobre o texto e personagem não estará completo até que seja assim.

Esse processo leva tempo, precisa de concentração e criatividade. Quando ler sobre uma época anterior em um romance ou um livro de história, deve deixar sua imaginação assumir o controle. Veja-se, ali, naquele período. Não é suficiente, quando for atuar, apenas vestir o figurino – você precisa ser capaz de imaginar-se no palco, de uma maneira que seja real para você. Então tem que mergulhar não só na peça, mas também na história, como um estudo real, vivo. Leia sobre a política, arte, música, dança e costumes da época. Observe a arte da época em museus e ouça as músicas em concertos e gravações.

## CONTRA A INTERPRETAÇÃO

Agora está na moda ter uma "ideia" de como atuar nas grandes personagens – fazer uma interpretação: Hamlet é um intelectual e, portanto, incapaz de tomar uma decisão ou agir impulsivamente. Hamlet, em termos de Édipo, está preocupado com sua fixação na mãe e, portanto, incapaz de vingar o assassinato do pai. Mas uma interpretação unilateral de uma personagem é o oposto do tipo de pesquisa imaginativa e ampla que venho descrevendo. Qualquer ideia que você tiver iluminará apenas um aspecto da personagem, na melhor das hipóteses. Será muito pequena e muito limitada para a personagem como um todo.

Esses papéis são seres humanos que surgem a partir de textos muito ricos. Temos que saber tanto sobre eles quanto for possível. Mas também devemos deixá-los ganhar vida nas mãos do dramaturgo, precisamos deixá-los passar de uma fala para outra e de um momento a outro momento, sem fixá-los a uma interpretação restritiva. Afinal de contas, verdadeiros seres humanos reagem com mais escolhas, pensamentos, emoções e mudanças que qualquer ator, não importa o quão brilhante ele seja. Portanto, devemos permitir a essas grandes personagens cada oportunidade de ser real. Os críticos e o público podem analisar o desempenho depois, parabenizando ou criticando nossa "interpretação". Mas nós, como atores, não devemos interpretar. Devemos nos doar completamente – incluindo o nosso intelecto – ao papel e deixar o texto nos levar para onde ele for.

Os atores podem acreditar que uma interpretação coloca a sua marca pessoal sobre o papel, mas na verdade acontece o inverso. A interpretação não só diminui a personagem, mas faz a personagem menos pessoal, porque ela vem do intelecto e o intelecto é apenas uma parte de nós. E, apesar de muitos bons atores serem inteligentes, é um tipo diferente de inteligência – não tanto analítica, mas intuitiva. Para fazer da personagem um ser humano completo, o ator precisa dar tudo de si: sua mente, sua intuição, sua imaginação, suas experiências pessoais, toda a gama de suas reações ao texto e não só na preparação, mas ao vivo, no palco.

Acredito que a verdadeira razão para os atores tentarem atuar uma "ideia", uma interpretação, é porque querem controlar a personagem. É por isso que estão dispostos a limitar as possibilidades e escolhas. No entanto, o ator não pode realmente controlar nada enquanto ele atua, exceto, talvez, a possibilidade de estar realmente presente a cada momento em que ele está no palco. E não há melhor maneira de aprender isso que atuar nesses papéis.

## USANDO A NEGATIVA

O que faz os grandes papéis serem muito difíceis, além de sua profundidade e complexidade inerente, é o fato de terem sido interpretados por atores importantes, muitas, muitas e muitas vezes. Todo ator que vai atuar no repertório de grandes peças clássicas e modernas tem na cabeça o *Hamlet, Henrique v e Ricardo iii* de Olivier, o *Becket* de Richard Burton, a Mary de Katherine Hepburn, em *Longa Jornada Noite Adentro* e o Stanley de Marlon Brando, em *Um Bonde Chamado Desejo,* entre outras performances memoráveis. É necessário que o ator se aproxime desses papéis a partir da negativa, dizendo para si mesmo, "Tudo, tudo menos o que me lembro daquela atuação em particular".

Quando Kevin Kline foi escalado como Henrique V, em 1984, para o Shakespeare Festival de Nova York, no Teatro Delacorte, no Central Park, ele e eu estávamos mais que familiarizados com a monumental atuação de Lawrence Olivier em *Henrique v*, na versão cinematográfica da peça. Henrique V de Olivier, com seu ríspido e heroico discurso, parecia o rei

ATUANDO NOS GRANDES PAPÉIS 139

perfeito para a Segunda Guerra Mundial, quando o filme foi feito, e sua atuação ainda ressoava nas décadas de 1960 e 1970, quando Kevin e eu o vimos pela primeira vez. Mas Kevin tinha o som do Henrique, de Olivier, ainda zunindo em velocidade máxima na cabeça.

A primeira coisa que fez foi ralentar o seu próprio discurso. Ele tirou fala por fala do texto simplesmente para fazer sentido para ele mesmo, permitindo que a linguagem se tornasse clara e ressonante. Kevin queria que o seu Henrique fosse pessoal e muito humano, em oposição ao rei confiante de Olivier. O Henrique, de Olivier, não parece ter dúvidas sobre si mesmo ou sua posição. O de Kevin era cheio de incertezas.

Afinal, tínhamos passado pela Guerra do Vietnã e suspeitávamos intuitivamente do que poderia soar como clichês ultranacionalistas na peça. Então conversamos sobre John F. Kennedy, como um possível modelo para a personagem – vindo de uma família poderosa e abastada, preparado desde a infância para ser presidente. O pai de Henrique V, Henrique IV, foi poderoso, mas distante; havia suspeitas sobre o seu direito ao trono. O John F. Kennedy pai, Joe Kennedy, servira como embaixador na Inglaterra, mas nunca venceu uma certa dubiedade política. Embora Henrique ficasse a maior parte de sua juventude entre homens comuns – Falstaff e seu grupo de bêbados, devassos e ladrões – ele afirmou sua nobreza, quando foi à guerra por seu pai e derrotou Hotspur, um verdadeiro nobre das antigas peças históricas. Ele tinha o "apelo popular", mas também o "toque de um príncipe". Muitos sentiram o mesmo por JFK.

Entretanto, Kevin não estava usando Kennedy como uma interpretação. Ao contrário, ele estava invocando Kennedy como uma inspiração para entrar em contato com seus próprios pensamentos e sentimentos sobre o tipo de rei que ele próprio gostaria de ser – um rei em contato com pessoas reais, seus sentimentos, sonhos, paixões e medos.

No Ato IV, Cena 3, Henrique discursa para as suas esgotadas tropas antes da batalha de Agincourt. Eles estão em desvantagem de dez para um, contra um renovado e confiante exército francês. Conforme Henrique se aproxima, ouve Westmoreland:

140 COMO PARAR DE ATUAR

Ah, se tivéssemos aqui e agora a milésima parte dos homens da Inglaterra que estão sem trabalho!*

Rei Henrique começa:

Quem é este que deseja tal coisa? Meu primo Westmoreland. Não, meu iluminado primo. Se estamos marcados para morrer, somos perda suficiente para o nosso país. Se marcados para viver, quanto menos homens, maior fração de glória competirá a cada um.

Olivier tinha feito esse discurso com uma atuação clássica de bravura, começando de forma simples e construindo parte a parte uma chamada de despertar para a guerra. Kevin fez o oposto. Ele começou pela fúria na primeira linha, "*Quem é este que deseja tal coisa?*" Tendo surpreendido a todos, ele parou um pouco, então quebrou o silêncio:

Meu primo Westmoreland. Não, meu iluminado primo. Se estamos marcados para morrer, somos perda suficiente para o nosso país. Se marcados para viver, quanto menos homens, maior fração de glória competirá a cada um.

A voz de Kevin fica cada vez mais alta, fala por fala, em um crescendo de indignação que aumenta com cada pensamento até que, quase aos gritos, ele berrou:

Ah, primo, não queiras um único inglês a mais! Em vez disso, anuncie, Westmoreland, aos meus soldados, o seguinte: O homem que não tiver estômago para este combate está livre para partir. Não queremos morrer na companhia desse homem que teme ter a sua pessoa morrendo conosco.

Então ele parou. Fez uma longa pausa enquanto olhava em volta para os seus homens. Quando a sua surpresa e a sua raiva acalmaram-se, ele disse simplesmente, calmamente, como se ele fosse apenas percebendo que dia era esse: "*Hoje é dia de São Crispino*". Em seguida, continuou, mais pessoalmente:

---

\* Tradução de Beatriz Viégas-Faria, *Henrique v*, Porto Alegre: L&PM, 2007, p. 115 (N. da T.).

ATUANDO NOS GRANDES PAPÉIS     141

Aquele que sobreviver ao dia de hoje e voltar para casa são e salvo ficará de ouvidos em pé sempre que este dia for mencionado e vai inflamar-se só de ouvir falar de São Crispino.

Nesse momento, ele ficou mais e mais pessoal, descrevendo como seriam os próximos anos para os homens que sobrevivessem a essa batalha e celebrassem o dia de São Crispino na Inglaterra. Então, com profunda emoção, cara a cara com cada homem, disse muito devagar e com calma:

Nós, estes poucos; nós, um punhado de sortudos; nós, um bando de irmãos... pois quem hoje derrama o seu sangue junto comigo passa a ser meu irmão.

Ainda me emociono lembrando esse momento. O Henrique de Kevin parecia realmente oferecer aos seus homens a fraternidade – a fraternidade de um rei. De homem para homem, derramando o mesmo sangue, juntos. O rei e os soldados eram um; ele lhes pediu para lutar em termos pessoais, como parceiros. E ficou mais calmo e mais pessoal, enquanto o discurso avançava, ao invés de mais e mais heroico.

Há exemplos de grandes atores no passado que usaram essa abordagem negativa para os grandes papéis. Olivier rejeitou o discurso sensível, clássico e lindamente declamado do Hamlet de Gielgud, que foi tão popular em seus dias, por uma forma rápida, moderna e psicologicamente complexa de Hamlet. Ele disse que só queria torná-lo contemporâneo. O Otelo de Olivier era uma mistura de sensualidade e ferocidade primitiva, animal, em oposição ao Otelo anterior do renomado Paul Robeson, que era todo nobreza. Vemos isso várias vezes, grandes atores rejeitando representações anteriores desses papéis, a fim de ficarem livres para recriá-los. Esses papéis são tão complexos que permitem infinitas variações. Eles contêm multidões.

## LIDANDO COM A LINGUAGEM
## DE SHAKESPEARE

Para atuar em Shakespeare, um ator deve ser verbal. De *Sonho de Uma Noite de Verão* a *Hamlet*, todas as personagens de Shakespeare se expressam por palavras recheadas de descrições e alusões. Então o ator deve ser capaz de se expressar por meio de suas palavras.

Quando o ator é capaz de falar uma língua tão rica, com facilidade e autenticidade, o resultado pode ser inesquecível. Lembro-me, por exemplo, de *Noite de Reis* que Joseph Papp me pediu para dirigir, no Shakespeare Festival de Nova York, no Central Park. Pensei imediatamente em Mary Elizabeth Mastrantonio para o papel de Viola. Ela era uma bela e jovem atriz, inteligente, profundamente emocional, mas impulsiva e cabeça dura – todas as qualidades necessárias ao papel. E, tendo treinado-a por muitos anos, sabia que não seria intimidada pelo diálogo poético de Viola.

Foi uma performance surpreendente. Por causa de sua liberdade com o diálogo, Mary Elizabeth foi capaz de criar uma brilhante e poética personagem, com petulância, mas sem nunca perder a feminilidade, e ainda ficou totalmente crível e encantadora como um jovem usando roupas masculinas. A profundidade de sua emoção apareceu de forma surpreendente e esclarecedora. Um momento em particular se destaca em minha memória. Viola, personificando o mensageiro do Duque, envia uma mensagem de amor à condessa Olívia, interpretada por Michelle Pfeiffer. Ela mesma está apaixonada pelo Duque e fica irritada com a rejeição de Olívia, pois não consegue entender como uma mulher poderia desprezar um homem tão maravilhoso. Viola diz: "Boa senhora, deixe-me ver seu rosto." Mary Elizabeth disse isso como um desafio, como se ela estivesse dizendo: "Retire o seu véu para que eu possa ver por que diabos o Duque está tão excitado."

Depois de protestar, Olívia diz: "Vamos abrir a cortina e mostrar o quadro." Quando ela deixa cair o véu, Mary Elizabeth olha para o rosto de Olívia e tudo parou. Seu próprio rosto já dizia tudo: o Duque é apaixonado por essa imagem de beleza e feminilidade. Eu sou só um garoto aos olhos dele. Não posso competir com isso. Como posso ter seu amor? Lágrimas vieram aos seus olhos e ela desviou o olhar. Foi um momento impressionante.

Houve uma pausa. Olívia, incerta do motivo pelo qual Viola se virou, fica vulnerável, confusa, ofendida. Ela simplesmente pergunta: "Não é benfeito?"

Mary Elizabeth responde com sinceridade e até com humildade, "Muito benfeito". Ela leva um momento para se recuperar e depois diz maliciosamente: "Se foi Deus que fez tudo isso." A plateia caiu na gargalhada. A sua mudança repentina de um profundo sentimento de perda a essa sagacidade, esse humor afiado, criou uma surpresa maravilhosa.

Se a linguagem de Shakespeare oferece as maiores possibilidades para o ator, no entanto, pode também representar um dos maiores obstáculos, sobretudo quando as falas são em verso. Além da nossa tendência para aumentar artificialmente nossas inflexões, quando vemos falas em verso, há debates intermináveis sobre qual a forma "adequada" de atuar em Shakespeare.

Realmente não sabemos como as falas eram ditas em seu tempo, mas mesmo se o fizéssemos daquele modo, como seria útil um estilo "shakespeariano" generalizado de falar e atuar? Cada peça é definida em um tempo e espaço diferentes e cada personagem vem de uma classe específica, período e local. As especificidades de tempo e lugar e os seus estilos são muito importantes, assim como as falas específicas de cada personagem. Então, como podemos ter um estilo generalizado para a língua de Shakespeare?

Claro que devemos estudar a história de sua época, a história política, social e literária, bem como a linguagem e poesia. Como atores, devemos saber o máximo possível. E devemos estudar técnica vocal também. Ela amplia a nossa gama vocal e nos oferece possibilidades. Mas, no final, o que nos interessa é a peça específica e a personagem, e não qualquer noção geral de como as falas eram proferidas ou como as peças eram encenadas no tempo de Shakespeare.

Sei que a referência de atuação para as peças de Shakespeare são os britânicos. E existem grandes atores ingleses cujo trabalho eu admiro. Mas não acredito que eles deveriam ser a referência para atores americanos. A maneira de falar o inglês na Inglaterra de hoje não se aproxima da maneira que Shakespeare falou há quatrocentos anos, assim como a nossa maneira de falar nos Estados Unidos também não se aproxima.

144 COMO PARAR DE ATUAR

Creio que temos de esquecer o "estilo" de falar, de atuar e voltar ao texto. O texto é a fonte. Nos dá a personagem. Faça a personagem viva, um ser humano real e a peça será viva. Se o público acredita na personagem, o ator deve tratar as falas do diálogo de forma realista, falando a poesia com a menor força possível. Se a frase ou fala são poéticas, que assim seja. Elas não precisam do ator para ficarem bonitas. Se está escrito como poesia e o ator diz a fala de maneira simples, elas serão reais e poéticas. Mas se o ator se torna muito consciente do seu belo discurso, ele provavelmente esquecerá o que está dizendo, e o som de sua voz abafará a simples verdade da fala e de seu significado pessoal para o ator.

O ator pode começar a tirar as falas separadamente, parando para descobrir exatamente o que cada palavra significa. Use um glossário de Shakespeare ou dicionário – eu uso o *Shakespeare Lexicon and Quotation Dictionary* (Shakespeare, Dicionário de Léxicos e Citações), de Alexander Schmidt, e para referência rápida o *A Shakespeare Glossary* (Um Glossário de Shakespeare, de C. T. Onions, que é mais resumido. Então, tente tirar a fala ou frase da página. Se uma palavra ou frase parecer estranha para você, ou se você sentir que está traduzindo enquanto fala, pare. Substitua a palavra ou frase por um equivalente moderno e tente novamente.

JULIETA: Galopem em passo acelerado, corcéis de patas de fogo, em direção ao alojamento de Febo.

No Ato III, Cena 2, de *Romeu e Julieta*, Julieta está esperando por Romeu. Eles se casaram secretamente de manhã e, agora à tarde, ela espera a noite chegar para que possa ficar junto dele.

Tire a primeira fala da página, procurando as palavras ou frases que não conhece.

*Galopem em passo acelerado*: galopem rápido.
*Corcéis de patas de fogo*: cavalos que levam a charrete do Deus Sol ou o próprio sol.
*Em direção ao alojamento de Febo*: Febo ou Apolo é o deus-Sol; seu alojamento, ou onde ele dorme, é onde o sol se põe, no oeste.

Julieta está olhando para o sol e ordena que se mova mais rapidamente para onde ele se põe.

ATUANDO NOS GRANDES PAPÉIS     145

Depois de dizer a fala, repita-a com suas próprias palavras: "Cavalos de patas douradas, galopem rapidamente para onde o sol se põe." Depois volte para as falas originais. Vá e volte entre as suas palavras e as de Shakespeare até que as palavras, pensamentos e imagens estejam realmente saindo de sua boca.

Isso pode levar um tempo, mas o ator só consegue dizer verdadeiramente o que aquilo significa, se estiver no momento presente.

Às vezes, parafraseando, Shakespeare engana os atores. Os verbos nem sempre estão onde nós esperamos que eles estejam, seja por razões poéticas ou por causa das diferenças históricas no texto. Se está tendo problemas, reorganize a frase ou sentença para que reverbere de maneira moderna. Então vá para a frente e para trás entre o seu fraseado e o de Shakespeare, até que a fala realmente signifique algo do jeito que ele escreveu.

No Ato II, Cena 2, de *Romeu e Julieta*, Julieta foi surpreendida por Romeu na varanda, enquanto expressava seu amor por ele. Ela diz:

> Tu sabes que a máscara da noite cobre meu rosto;
> não fosse assim, um rubor de donzela tingir-me-ia as faces
> em função daquilo que me ouviste falar esta noite.

> Tu sabes: você sabe.
> A máscara da noite: a escuridão da noite.
> Cobre meu rosto: esconde meu rosto.

Então, no inglês contemporâneo dizemos: "Você sabe que a escuridão da noite esconde meu rosto."

> Ainda mais: do contrário.
> *Um rubor de donzela*: um vermelho de vergonha.
> Tingir-me-ia as faces: tingiria o meu rosto.

No inglês contemporâneo fica: "Do contrário, meu rosto ficaria tingido de um vermelho de vergonha."

Continue indo e voltando entre o fraseado contemporâneo e o de Shakespeare até que você possa falar com igual liberdade e significado. Pare quando você deixar de sentir o que você diz. Use a palavra ou frase moderna e depois volte para o Shakespeare puro.

146 COMO PARAR DE ATUAR

Seja paciente. O processo vale a pena apesar do tempo que leva, porque você nunca conseguirá material mais emocionante ou mais excitante para trabalhar. Uma vez que você passe a primeira fase, não sentirá a necessidade de atuar.

## SUGESTÕES PARA TRABALHAR SHAKESPEARE POR CONTA PRÓPRIA

Os homens devem começar com o Soneto 130:

My mistress' eyes are nothing like the sun,
Coral is far more red than her lips' red.
If snow be white, why then her breasts are dun;
If hairs be wires, black wires grow on her head.
I have seen roses damasked, red and white,
But no such roses see I in her cheeks;
And in some perfumes is there more delight
Than in the breath that from my mistress reeks.
I love to hear her speak, yet well I know
That music hath a far more pleasing sound.
I grant I never saw a goddess go:
My mistress, when she walks, treads on the ground.
    And yet, by heaven, I think my love as rare
    As any she belied with false compare.*

As mulheres devem começar com o Soneto 57:

Being your slave, what should I do but tend
Upon the hours and times of your desire?

---

\* "Os olhos de minha amante não são nada como o sol, / O vermelho do coral é mais vermelho do que o dos seus lábios. / Se a neve é branca, por que então seus seios são pardos [?]; / Se os cabelos são caracóis, negros fios crescem em sua cabeça. // Já vi rosas adamascadas, vermelhas e brancas, / Mas tais rosas não vi em suas faces; // E em certos perfumes há mais encantos / Que no ar que minha amante exala. // Adoro ouvi-la falar, embora saiba bem / Que a música tem um som muito mais aprazível. / Confesso que jamais vi uma deusa passar: / Minha amante quando caminha pisa o chão / Ainda assim, pelos Céus, meu amor é mais raro / Do que qualquer outro com o qual o comparo". A tradução deste e dos demais sonetos visa permitir ao leitor uma melhor percepção da ironia presente nas escolhas do autor, daí a ênfase no sentido literal, sem nenhuma pretensão artística e sem levar em conta a métrica ou a rima típicas desse tipo de composição" (N. da T.).

ATUANDO NOS GRANDES PAPÉIS

I have no precious time at all to spend,
Nor services to do, till you require.
Nor dare I chide the world-without-end hour
Whilst I, my sovereign, watch the clock for you,
Nor think the bitterness of absence sour
When you have bid your servant once adieu.
Nor dare I question with my jealous thought
Where you may be, or your affairs suppose,
But, like a sad slave, stay and think of naught
Save, where you are, how happy you make those.
    So true a fool is love that in your will,
    Though you do anything, he thinks no ill.*

Mesmo sendo uma poesia com rimas e tudo mais, não pense dessa maneira. Lide com cada frase como se fosse uma fala de diálogo. Tire da página em pedaços, procure por qualquer palavra que você não conhece. Não se preocupe em entender o soneto inteiro enquanto você trabalha. Em vez disso, deixe cada frase entrar na sua cabeça e permita que ela faça sentido para si próprio. Fale simplesmente. Seja qual for o significado da fala para você no momento, diga-a com seus próprios sentimentos.

Aos poucos, você vai se tornar ciente de que essa curta sequência de falas está fazendo sentido e acessando sentimentos em você. Ela também irá permitir que você fique confortável com o fraseado e vocabulário de Shakespeare, bem como suas imagens. Não tente ser poético e não entre em pânico por não entender o soneto. Seja paciente, trabalhe em blocos e o soneto virá para você.

Depois de passar pelo menos alguns dias explorando o primeiro soneto, tente outro. Homens e mulheres devem tentar o Soneto 29, que é interessante e rico para ser trabalhado.

---

\* "Sendo tua escrava, que posso eu fazer / Senão vigiar as horas e o tempo do teu desejo? / Não tenho tempo precioso para gastar, / Ou serviços a fazer, até que o exijas. /Nem ouso maldizer as horas infinitas / Que eu, meu soberano, passo a vigiar o relógio por ti, / Nem penso nas agruras da tua amarga ausência / Quando tiveres dado a tua serva um *adieu*. / Não ouso questionar com pensamentos enciumados / Onde podes estar, ou dos seus assuntos supor, / Mas aqui fico como uma triste escrava e em nada penso / Salvo onde estás e quão feliz fazes a todos [que contigo estão] / Então, que verdadeiro tolo é o amor, que do teu querer / Apesar de não fazeres nada, não pensa nenhum mal." (N. da T.)

When in disgrace with fortune and men's eyes,
I all alone beweep my outcast state,
And trouble deaf heaven with my bootless cries,
And look upon myself and curse my fate,
Wishing me like to one more rich in hope,
Featured like him, like him with friends possessed,
Desiring this man's art and that man's scope,
With what I most enjoy contented least:
Yet in these thoughts myself almost despising,
Haply I think on thee, and then my state,
Like to the lark at break of day arising
From sullen earth, sings hymns at heaven's gate;
    For thy sweet love remembered such wealth brings
    That then I scorn to change my state with kings.*

Depois de trabalhar esses dois sonetos, você pode continuar com os outros. Acho que é bastante válido trabalhar em um soneto novo a cada dia por algumas semanas. No início do trabalho com sonetos, após passar pela insegurança inicial que mesmo atores experientes sentem, percebi que os atores encontram uma verdadeira alegria trabalhando nessas preciosidades.

Em seguida, vá para solilóquios. Você pode usar os sugeridos no início do livro. Ou as mulheres devem tentar Isabella de *Medida por Medida*, Ato II, Cena 4:

A quem me queixarei? Quem há de crer-me, quando eu contar tudo isto? Oh bocas cheias de perigos, que, com uma língua apenas, tanto podem matar como dar vida, dobrando a lei com tais e tais caprichos, que o justo e o injusto espetam no apetite que os maneja à vontade! Vou ver Cláudio; conquanto a instigação do sangue o tenha feito cair, abriga tal espírito de honra, que se possuísse dez cabeças para estender nos cepos sanguinosos, sacrificá-las-ia antes que o corpo de sua irmã abandonasse à tão abjeta profanação. Morre, irmão!

---

\*   "Quando em desgraça com a fortuna e aos olhos dos homens, / Em tudo solitário lamento meu estado de abandono, / E os Céus fazem ouvidos moucos aos meus inúteis gritos, / E olhando para mim mesmo maldigo o meu destino. / Desejando ser como alguém mais rico em esperança / Destacado como ele, como ele com os amigos que possuía, / Desejando deste homem a arte, daquele outro o propósito, / Com o que eu mais desfrute me contentar com menos: / Ainda assim, nesse pensar a mim mesmo quase desprezando, / Felizmente penso em ti, e então meu ser[meu estado de ser], / Como a cotovia ao romper do dia que surge / Da terra sombria, canta hinos à porta dos Céus; / Por ti, meu doce amor, relembro as riquezas que trazes / E então me recuso a trocar de lugar com reis." (N. da T.).

Isabel, sê sempre pura! Os irmãos passam, a pureza dura. Mas vou contar-lhe o que Ângelo me disse para que a morte aceite com ledice.

Depois de ler a peça e trabalhar pelo menos uma semana sobre esse solilóquio, comece o trabalho em uma cena da peça: comece com entrada de Isabella com Ângelo em *Medida por Medida*, Ato II, Cena 4:

ÂNGELO: Então, bela menina?
ISABELLA: Vim para ouvir a vossa decisão.

Os homens devem tentar o solilóquio de Ângelo em *Medida por Medida*, Ato II, Cena 2:

De ti, de tua virtude, justamente. Que é isto? Que acontece? É ela a culpada? Serei eu? O tentado ou a tentadora, qual dos dois peca mais? Ah! Não é ela; não quer tentar-me; eu sim, que em pleno sol, ao lado da violeta, não faço como as flores, mas no jeito da carniça corrompo a estação boa. Poderá dar-se o caso da modéstia deturpar os sentidos mais depressa do que pode fazê-lo a leviandade? Sobrando-nos espaço, desejamos demolir o santuário para nossa abjeção aí plantar? Que coisa ignóbil! Que és agora, Ângelo, ou melhor, que fazes? Queres vê-la enfeada justamente no que a embeleza? A vida ao irmão concede; quando os juízes roubam, têm licença de roubar os ladrões. Como! Amá-la-ei, para assim desejar vê-la de novo, de deleitar-me ouvindo-a? Estou sonhando? Ó inimigo astucioso, atrais os santos com isca de outros santos! A mais grave tentação é a que incita para o crime por amor à virtude. A prostituta, com a dupla força que a arte e a natureza lhe conferem, jamais pôde abalar-me; mas agora me sinto dominado por esta jovem pura. Até este instante, só para rir do amor era eu constante.

E tente também *Medida por Medida*, Ato II, Cena 4, com Isabella (comece no início da cena ou na entrada de Isabella).

Nota: Quando você for ler a peça, faça do começo ao fim *em voz alta*, e não apenas suas falas, mas todas as falas. Não se apresse na leitura. Não importa quanto tempo isso leve. Você descobrirá que é cada vez mais fácil entender o diálogo e estar livre com ele. Você também descobrirá um modo de falar relaxado e cada vez mais neutro, sem sotaque. Se fizer isso com várias peças, nunca terá problemas atuando em Shakespeare. Foi o que eu fiz quando era estudante. E tem tornado Shakespeare cada vez mais acessível para mim, além de me trazer uma grande alegria atuando, lendo e ensinando.

# Epílogo

> *Que obra prima é o homem! Como é nobre em sua razão! Que capacidade infinita! Como é preciso e benfeito em forma e movimento! Um anjo na ação! Um deus no entendimento, paradigma dos animais, maravilha do mundo!*\*
>
> HAMLET, Ato II, Cena 2

Uma personagem específica – especialmente uma grande personagem – requer que o ator se prepare de maneira também específica. Um ator iniciante igualmente deve se preparar, até de uma forma mais ampla, para a vida de ator.

Encorajo jovens atores a irem para a faculdade – para uma faculdade de belas-artes, e não uma escola de interpretação. É importante que os jovens atores estudem coisas que irão ampliar seus conhecimentos e estimular suas imaginações, fazendo com que cresçam como pessoas e tenham algo para oferecer nos papéis que irão interpretar. Depois da faculdade, vocês terão muito tempo para ir para uma escola ou curso profissionalizante em Nova York ou Los Angeles. Mas estudos pessoais mais amplos devem continuar. Ouvir música clássica, ler os grandes romances, poesia e peças, ir ao balé e "viajar" pelos grandes museus ampliam seus interesses, sua audição, visão, vocabulário, gosto e curiosidade. Não só o torna um ator melhor, mas um ator completo.

Não tenho nada contra o rock, blues e outras formas de música popular – na verdade, sempre fui fã de jazz e blues –,

---

\* Tradução Millôr Fernandes, *Hamlet*, Porto Alegre: L&PM, 1988, p. 51 (N. da T.).

152 COMO PARAR DE ATUAR

mas acredito que ouvir música clássica nos abre para o som e a sensibilidade de uma maneira muito diferente. Ela oferece uma sutil e complexa variação de texturas, um vocabulário mais elaborado. Sem a distância do idioma, ela nos conecta diretamente com nossas emoções, atuando no subconsciente e nos estimulando mais profundamente. Não é surpreendente que pesquisas digam que crianças apresentadas à musica clássica quando muito novas, tendem a mostrar maior concentração, maior habilidade verbal e QI maior.

Ouvir música de um período específico é crucial para a preparação de papéis específicos, é como estar exposto ao ar daquele tempo e lugar. Se você quer fazer Shakespeare, Tchékhov ou Ibsen, você deve ter John Dowling, Lully, Chopin, Mussórgski, Schubert, Schumann e Beethoven no seu ouvido, na sua alma. A música afeta como você se move, fica em pé, anda e até como pensa. Você precisa estar por dentro dos sons da época para abraçar o texto e explorá-lo livremente.

Se você é iniciante em música clássica, não pare de escutar as músicas que ama. Somente adicione-as ao seu tempo. Para começar, Chopin, porque ele é muito acessível emocionalmente. Se preferir, Bach, Mozart ou Beethoven. Compre CDs; vá a um concerto ou recital. Peça a um amigo, que conheça música clássica, para recomendar algo para você. Melhor ainda, se puder, faça aulas de apreciação musical.

Vá atrás das grandes obras de arte, não as reproduções mas os originais, para que você veja a pincelada do artista. Ao invés de se conectar pelos ouvidos, irá se conectar, inconscientemente, pela visão. Como Jennifer Jason Leigh comenta: "A arte mexe com você de uma maneira que não é cerebral, ela pode te dizer muito sobre uma condição, um estado, um sentimento, uma relação." Você não precisa ser um *expert* para absorver algo de uma obra de arte. De fato, pequenas doses regulares são provavelmente a melhor escolha para não deixar a imaginação sobrecarregada. Quando eu estudava em Nova York, durante uma hora por dia, quase todos os dias, ficava perambulando pelas galerias do Metropolitan. E, lá, descobri o poder monumental de Rembrandt, o intimismo de Vermmer, Van Gogh, Monet, Renoir, Degas, Manet. Demorei seis meses só para conhecer os impressionistas. Pouco a pouco, a pintura me ensi-

EPÍLOGO 153

nou a ver rostos, expressões e vida humana, como os grandes artistas viam na época. Até hoje, não consigo ficar mais de uma hora em um museu antes que comece a ficar cansado das imagens vindo até mim, arte visual é um poderoso estímulo.

Vá assistir balé clássico. É um gosto adquirido e pode demorar um pouco para que você possa apreciá-lo. Mas o balé une música, drama e movimento, o que é tremendamente inspirador para a noção de palco e movimentação do ator. Coloco em primeiro lugar no *ranking* das mais memoráveis interpretações a de *A Megera Domada,* de Shakespeare, uma produção do balé de Stuttgart, coreografado por John Cranko. Sua visão da história e a caracterização de Catarina e Petruchio pelos dançarinos Márcia Haydée e Richard Cragen, respectivamente, foram uma revelação para mim. E eu aprendi mais sobre o monólogo final de Catarina, com o *pas de deux* no fim do balé, que em turnê fazendo a peça durante um ano. De fato, é um dueto de amor entre Kate e Petruchio, não um monólogo para a atriz.

Ler romances, poesia e peças amplia a capacidade do ator de uma forma diferente. Isso o expõe a uma linguagem muito mais rica que a sua própria e dá uma noção de períodos históricos que nenhum filme moderno pode dar. Também permite ao ator imaginar as paisagens, roupas e maneiras de determinados períodos. Além de ser uma valiosa inspiração para interpretar personagens contemporâneos também.

Quando comecei a trabalhar com o brilhante ator francês Tcheky Karyo no filme de Neil Jordan, *The Good Thief* (Lance de Sorte), ele tinha acabado de ler o poeta português Fernando Pessoa, que escreveu: "Faça da sua realidade um sonho e do sonho realidade." Tcheky precisava interpretar um detetive do sul da França, que tinha problemas com seu trabalho. Entre outros problemas, tinha crescido com um ladrão (interpretado por Nick Nolte), que era um apostador viciado em drogas e pode passar o resto da vida na prisão, se for preso novamente. O roteiro era de um *thriller* e os diálogos eram praticamente um clichê. Mas a poesia de Pessoa inspirou Tcheky com todo tipo de fantasias e ideias. Ele começou a ver sua personagem como alguém cheia de dificuldades com a própria realidade – "Talvez ele seja um pouco lento, sempre incomodado por algo, esquece de amarrar os sapatos, sempre fica atraído pela inocência e sinceridade". Tcheky sentiu uma melancolia na personagem e se viu atraído a ouvir as músicas de Mahler. Seu espírito melancólico vinha misturado com uma curiosa leveza e um grande charme. Mesmo o roteiro sendo contemporâneo, a complexidade do trabalho do poeta e do compositor despertaram no coração e na audição do ator seus sentimentos mais profundos.

Depois de tantos anos, não perdi meu amor pela arte, música, dança ou literatura. É muito do que sou e talvez a melhor parte. E é por isso que Shakespeare, Molière e Tchékhov vieram mais facilmente para mim como ator. Estar exposto à grande arte e a grandes artistas me fizeram ter uma visão mais profunda e ampla das personagens e também confiança em minha intuição e minha imaginação. Isto inspirou-me e pode inspirar você também, se você der oportunidade. Vai ajudá-lo a trazer mais profundidade e imaginação para suas personagens.

Então, se você quer ser um ator, não mergulhe somente no teatro, mas nas artes plásticas, na música, na dança e na literatura. E enquanto você absorve arte, continue atuando. De qualquer jeito, em qualquer meio, sempre encontre tempo para atuar em uma peça. Sempre digo aos atores: "Faça do teatro sua âncora. Assim você sempre vai conhecer a si mesmo." As peças são sobre as personagens e no palco não há onde se esconder, a plateia observa cada impulso, sem edição. É só o ator e o texto e o ator é responsável por tudo o que diz e faz. Por mais que eu ame cinema, ainda acredito que a alma da interpretação está no teatro e continua sendo o melhor lugar para o ator conhecer a si mesmo e sua forma de atuar.

Várias faculdades estão sempre abertas para receber as produções dos estudantes. Se você tem a oportunidade de entrar numa delas, faça. Se não há teatro onde você está, crie um. Produza os grandes textos de Shakespeare, Tchékhov, Strindberg, Brecht, Ibsen, Molière, Beckett, Williams, Arthur Miller. Jogue-se nas grandes peças para que tenha excelentes diálogos para explorar. Isso vai levá-lo à exploração de si mesmo. Não importa se você foi bem ou mal no papel. Você é jovem. Ninguém espera que você vá bem, ainda mais nessas peças. Mas, se você falhar num bom material, ainda assim aprenderá. E não terá medo mais tarde, quando esperarem que você saiba alguma coisa.

Finalmente, pare de gastar energia com papo sobre "o mercado". Concentre-se no trabalho de crescer artisticamente e como ser humano. Descubra o que move você como ator. Use o que funciona e jogue fora o que atrapalha, independentemente de como soe o conceito. Encontre seu próprio caminho e "o mercado" vai encontrar você.

## TEATRO NA PERSPECTIVA

### DEBATES

*O Sentido e a Máscara*
Gerd A. Bornheim (D008)

*A Tragédia Grega*
Albin Lesky (D032)

*Maiakóvski e o Teatro de Vanguarda*
Angelo Maria Ripellino (D042)

*O Teatro e sua Realidade*
Bernard Dort (D127)

*Semiologia do Teatro*
J. Guinsburg, J. T. Coelho Netto e
Reni C. Cardoso (orgs.) (D138)

*Teatro Moderno*
Anatol Rosenfeld (D153)

*O Teatro Ontem e Hoje*
Célia Berrettini (D166)

*Oficina: Do Teatro ao Te-Ato*
Armando Sérgio da Silva (D175)

*O Mito e o Herói no Moderno Teatro Brasileiro*
Anatol Rosenfeld (D179)

*Natureza e Sentido da Improvisação Teatral*
Sandra Chacra (D183)

*Jogos Teatrais*
Ingrid D. Koudela (D189)

*Stanislávski e o Teatro de Arte de Moscou*
J. Guinsburg (D192)

*O Teatro Épico*
Anatol Rosenfeld (D193)

*Exercício Findo*
Décio de Almeida Prado (D199)

*O Teatro Brasileiro Moderno*
Décio de Almeida Prado (D211)

*Qorpo-Santo: Surrealismo ou Absurdo?*
Eudinyr Fraga (D212)

*Performance como Linguagem*
Renato Cohen (D219)

*Grupo Macunaíma: Carnavalização e Mito*
David George (D230)

*Bunraku: Um Teatro de Bonecos*

Sakae M. Giroux e Tae Suzuki (D241)

*No Reino da Desigualdade*
Maria Lúcia de Souza B. Pupo (D244)

*A Arte do Ator*
Richard Boleslavski (D246)

*Um Vôo Brechtiano*
Ingrid D. Koudela (D248)

*Prismas do Teatro*
Anatol Rosenfeld (D256)

*Teatro de Anchieta a Alencar*
Décio de Almeida Prado (D261)

*A Cena em Sombras*
Leda Maria Martins (D267)

*Texto e Jogo*
Ingrid D. Koudela (D271)

*O Drama Romântico Brasileiro*
Décio de Almeida Prado (D273)

*Para Trás e Para Frente*
David Ball (D278)

*Brecht na Pós-Modernidade*
Ingrid D. Koudela (D281)

*O Teatro É Necessário?*
Denis Guénoun (D298)

*O Teatro do Corpo Manifesto: Teatro Físico*
Lúcia Romano (D301)

*O Melodrama*
Jean-Marie Thomasseau (D303)

*Teatro com Meninos e Meninas de Rua*
Marcia Pompeo Nogueira (D312)

*O Pós-Dramático: Um conceito Operativo?*
J. Guinsburg e Sílvia Fernandes (orgs.) (D314)

*Contar Histórias com o Jogo Teatral*
Alessandra Ancona de Faria (D323)

*Teatro no Brasil*
Ruggero Jacobbi (D327)

*40 Questões Para um Papel*
Jurij Alschitz (D328)

*Teatro Brasileiro: Ideias de uma História*
J. Guinsburg e Rosangela Patriota (D329)

*Dramaturgia: A Construção da Personagem*
Renata Pallottini (D330)

*Caminhante, Não Há Caminho. Só Rastros*
Ana Cristina Colla (D331)

*Ensaios de Atuação*
Renato Ferracini (D332)

*A Vertical do Papel*
Jurij Alschitz (D333)

*Máscara e Personagem: O Judeu no Teatro Brasileiro*
Maria Augusta de Toledo Bergerman (D334)

*Teatro em Crise*
Anatol Rosenfeld (D336)

## ESTUDOS

*João Caetano*
Décio de Almeida Prado (E011)

*Mestres do Teatro I*
John Gassner (E036)

*Mestres do Teatro II*
John Gassner (E048)

*Artaud e o Teatro*
Alain Virmaux (E058)

*Improvisação para o Teatro*
Viola Spolin (E062)

*Jogo, Teatro & Pensamento*
Richard Courtney (E076)

*Teatro: Leste & Oeste*
Leonard C. Pronko (E080)

*Uma Atriz: Cacilda Becker*
Nanci Fernandes e Maria T. Vargas (orgs.) (E086)

*TBC: Crônica de um Sonho*
Alberto Guzik (E090)

*Os Processos Criativos de Robert Wilson*
Luiz Roberto Galizia (E091)

*Nelson Rodrigues: Dramaturgia e Encenações*
Sábato Magaldi (E098)

*José de Alencar e o Teatro*
João Roberto Faria (E100)

*Sobre o Trabalho do Ator*
M. Meiches e S. Fernandes (E103)

*Arthur de Azevedo: A Palavra e o Riso*
Antonio Martins (E107)

*O Texto no Teatro*
Sábato Magaldi (E111)

*Teatro da Militância*
Silvana Garcia (E113)

*Brecht: Um Jogo de Aprendizagem*
Ingrid D. Koudela (E117)

*O Ator no Século XX*
Odette Aslan (E119)

*Zeami: Cena e Pensamento Nô*
Sakae M. Giroux (E122)

*Um Teatro da Mulher*
Elza Cunha de Vincenzo (E127)

*Concerto Barroco às Óperas do Judeu*
Francisco Maciel Silveira (E131)

*Os Teatros Bunraku e Kabuki: Uma Visada Barroca*
Darci Kusano (E133)

*O Teatro Realista no Brasil: 1855-1865*
João Roberto Faria (E136)

*Antunes Filho e a Dimensão Utópica*
Sebastião Milaré (E140)

*O Truque e a Alma*
Angelo Maria Ripellino (E145)

*A Procura da Lucidez em Artaud*
Vera Lúcia Felício (E148)

*Memória e Invenção: Gerald Thomas em Cena*
Sílvia Fernandes (E149)

*O Inspetor Geral de Gógol/Meyerhold*
Arlete Cavaliere (E151)

*O Teatro de Heiner Müller*
Ruth C. de O. Röhl (E152)

*Falando de Shakespeare*
Barbara Heliodora (E155)

*Moderna Dramaturgia Brasileira*
Sábato Magaldi (E159)

*Work in Progress na Cena Contemporânea*
Renato Cohen (E162)

*Stanislávski, Meierhold e Cia*
J. Guinsburg (E170)

*Apresentação do Teatro Brasileiro Moderno*
Décio de Almeida Prado (E172)

*Da Cena em Cena*
J. Guinsburg (E175)

*O Ator Compositor*
Matteo Bonfitto (E177)

*Ruggero Jacobbi*
Berenice Raulino (E182)

*Papel do Corpo no Corpo do Ator*
Sônia Machado Azevedo (E184)

*O Teatro em Progresso*
Décio de Almeida Prado (E185)

*Édipo em Tebas*
Bernard Knox (E186)

*Depois do Espetáculo*
Sábato Magaldi (E192)

*Em Busca da Brasilidade*
Claudia Braga (E194)

*A Análise dos Espetáculos*
Patrice Pavis (E196)

*As Máscaras Mutáveis do Buda Dourado*
Mark Olsen (E207)

*Crítica da Razão Teatral*
Alessandra Vannucci (E211)

*Caos e Dramaturgia*
Rubens Rewald (E213)

*Para Ler o Teatro*
Anne Ubersfeld (E217)

*Entre o Mediterrâneo e o Atlântico*
Maria Lúcia de Souza B. Pupo (E220)

*Yukio Mishima: O Homem de Teatro e de Cinema*
Darci Kusano (E225)

*O Teatro da Natureza*
Marta Metzler (E226)

*Margem e Centro*
Ana Lúcia V. de Andrade (E227)

*Ibsen e o Novo Sujeito da
Modernidade*
Tereza Menezes (E229)

*Teatro Sempre*
Sábato Magaldi (E232)

*O Ator como Xamã*
Gilberto Icle (E233)

*A Terra de Cinzas e Diamantes*
Eugenio Barba (E235)

*A Ostra e a Pérola*
Adriana Dantas de Mariz (E237)

*A Crítica de um Teatro Crítico*
Rosangela Patriota (E240)

*O Teatro no Cruzamento de Culturas*
Patrice Pavis (E247)

*Eisenstein Ultrateatral: Movimento
Expressivo e Montagem de Atrações
na Teoria do Espetáculo de Serguei
Eisenstein*
Vanessa Teixeira de Oliveira
(E249)

*Teatro em Foco*
Sábato Magaldi (E252)

*A Arte do Ator entre os
Séculos XVI e XVIII*
Ana Portich (E254)

*O Teatro no Século XVIII*
Renata S. Junqueira e Maria
Gloria C. Mazzi (orgs.) (E256)

*A Gargalhada de Ulisses*
Cleise Furtado Mendes (E258)

*Dramaturgia da Memória no Teatro-
Dança*
Lícia Maria Morais Sánchez
(E259)

*A Cena em Ensaios*
Béatrice Picon-Vallin (E260)

*Teatro da Morte*
Tadeusz Kantor (E262)

*Escritura Política no Texto Teatral*
Hans-Thies Lehmann (E263)

*Na Cena do Dr. Dapertutto*
Maria Thais (E267)

*A Cinética do Invisível*
Matteo Bonfitto (E268)

*Luigi Pirandello:
Um Teatro para Marta Abba*
Martha Ribeiro (E275)

*Teatralidades Contemporâneas*
Sílvia Fernandes (E277)

*Conversas sobre a Formação do Ator*
Jacques Lassalle e Jean-Loup
Rivière (E278)

*A Encenação Contemporânea*
Patrice Pavis (E279)

*As Redes dos Oprimidos*
Tristan Castro-Pozo (E283)

*O Espaço da Tragédia*
Gilson Motta (E290)

*A Cena Contaminada*
José Tonezzi (E291)

*A Gênese da Vertigem*
Antonio Araújo (E294)

*A Fragmentação da Personagem no
Texto Teatral*
Maria Lúcia Levy Candeias
(E297)

*Alquimistas do Palco: Os Laboratórios
Teatrais na Europa*
Mirella Schino (E299)

*Palavras Praticadas: O Percurso
Artístico de Jerzy Grotowski, 1959-
1974*
Tatiana Motta Lima (E300)

*Persona Performática: Alteridade
e Experiência na Obra de Renato
Cohen*
Ana Goldenstein Carvalhaes
(E301)

*Como Parar de Atuar*
Harold Guskin (E303)

*Metalinguagem e Teatro: A Obra de
Jorge Andrade*
Catarina Sant Anna (E304)

*Enasios de um Percusro*
Esther Priszkulnik (E306)

*Função Estética da Luz*
Roberto Gill Camargo (E307)

*Poética de "Sem Lugar"*
Gisela Dória (E311)

*Entre o Ator e o Performer*
Matteo Bonfitto (E316)

*A Missão Italiana: Histórias de uma Geração de Diretores Italianos no Brasil*
Alessandra Vannucci (E318)

*Além dos Limites: Teoria e Prática do Teatro*
Josette Féral (E319)

*Ritmo e Dinâmica no Espetáculo Teatral*
Jacyan Castilho (E320)

*A Voz Articulada Pelo Coração*
Meran Vargens (E321)

*Beckett e a Implosão da Cena*
Luiz Marfuz (E322)

*Teorias da Recepção*
Claudio Cajaiba (E323)

*A Dança e Agit-Prop*
Eugenia Casini Ropa (E329)

*O Soldado Nu: Raízes da Dança Butô*
Éden Peretta (E332)

*Teatro Hip-Hop*
Roberta Estrela D'Alva (E333)

*Alegoria em Jogo: A Encenação Como Prática Pedagógica*
Joaquim C.M. Gama (E335)

*Jorge Andrade: Um Dramaturgo no Espaço-Tempo*
Carlos Antônio Rahal (E336)

*Campo Feito de Sonhos: Inserção e Educação Através da Arte*
Sônia Machado de Azevedo (E339)

*Os Miseráveis Entram em Cena: Brasil, 1950-1970*
Marina de Oliveira (E341

*Isto Não É um Ator*
Melissa Ferreira (E342)

*Teatro: A Redescoberta do Estilo e Outros Escritos*
Michel Saint-Denis (E343)

# ELOS

*Do Grotesco e do Sublime*
Victor Hugo (EL05)

*O Cenário no Avesso*
Sábato Magaldi (EL10)

*A Linguagem de Beckett*
Célia Berrettini (EL23)

*Idéia do Teatro*
José Ortega y Gasset (EL25)

*O Romance Experimental e o Naturalismo no Teatro*
Emile Zola (EL35)

*Duas Farsas: O Embrião do Teatro de Molière*
Célia Berrettini (EL36)

*Giorgio Strehler: A Cena Viva*
Myriam Tanant (EL65)

# TEXTOS

*Marta, A Árvore e o Relógio*
Jorge Andrade (T001)

*O Dibuk*
Sch. An-Ski (T005)

*Leone de'Sommi: Um Judeu no Teatro da Renascença Italiana*
J. Guinsburg (org.) (T008)

*Urgência e Ruptura*
Consuelo de Castro (T010)

*Pirandello do Teatro no Teatro*
J. Guinsburg (org.) (T011)

*Canetti: O Teatro Terrível*
Elias Canetti (T014)

*Idéias Teatrais: O Século XIX no Brasil*
João Roberto Faria (T015)

*Heiner Müller: O Espanto no Teatro*
Ingrid D. Koudela (org.) (T016)

*Büchner: Na Pena e na Cena*
J. Guinsburg e Ingrid Dormien Koudela (orgs.) (T017)

*Teatro Completo*
Renata Pallottini (T018)

*Barbara Heliodora: Escritos sobre Teatro*

Claudia Braga (org.) (T020)

*Machado de Assis: Do Teatro*
João Roberto Faria (org.) (T023)

*Luís Alberto de Abreu: Um Teatro de Pesquisa*
Adélia Nicolete (org.) (T025)

*Teatro Espanhol do Século de Ouro*
J. Guinsburg e N. Cunha (orgs.) (T026)

*Tatiana Belinky: Uma Janela para o Mundo*
Maria Lúcia de S. B. Pupo (org.) (T28)

*Peter Handke: Peças Faladas*
Samir Signeu (org.) (T030)

*Dramaturgia Elizabetana*
Barbara Heliodora (org.) (T033)

# SIGNOS

*Um Encenador de si Mesmo: Gerald Thomas*
J. Guinsburg e Sílvia Fernandes (S021)

*Três Tragédias Gregas*
Guilherme de Almeida e Trajano Vieira (S022)

*Édipo Rei de Sófocles*
Trajano Vieira (S031)

*As Bacantes de Eurípides*
Trajano Vieira (S036)

*Édipo em Colono de Sófocles*
Trajano Vieira (S041)

*Agamêmnon de Ésquilo*
Trajano Vieira (S046)

*Antígone de Sófocles*
Trajano Vieira (S049)

*Lisístrata e Tesmoforiantes*
Trajano Vieira (S052)

*Os Persas de Ésquilo*
Trajano Vieira (S55)

# KHRONOS

*Teatro e Sociedade: Shakespeare*
Guy Boquet (K015)

# PERSPECTIVAS

*Alda Garrido: As Mil Faces de uma Atriz Popular Brasileira*
Marta Metzler (PERS)

*Caminhos do Teatro Ocidental*
Barbara Heliodora (PERS)

*O Cotidiano de uma Lenda: Cartas do Teatro de Arte de Moscou*
Cristiane L. Takeda (PERS)

*Eis Antonin Artaud*
Florence de Mèredieu (PERS)

*Eleonora Duse: Vida e Obra*
Giovanni Pontiero (PERS)

*Linguagem e Vida*
Antonin Artaud (PERS)

*Ninguém se Livra de seus Fantasmas*
Nydia Licia (PERS)

*Sábato Magaldi e as Heresias do Teatro*
Maria de Fátima da Silva Assunção (PERS)

*Vsévolod Meierhold: Ou a Invenção da Cena*
Gérard Abensour (PERS)

# MACUNAÍMA NO PALCO

*Nissim Castiel: Do Teatro da Vida Para o Teatro da Escola*
Debora Hummel e Luciano Castiel (orgs.) (MP01)

*O Grande Diário do Pequeno Ator*
Debora Hummel e Silvia de Paula (orgs.) (MP02)

*Um Olhar Através de... Máscaras*
Renata Kamla (MP03)

*Performer Nitente*
Adriano Cypriano (MP04)

*O Gesto Vocal*
Mônica Andréa Grando (MP05)

*Stanislávski em Processo: Um Mês no Campo –Turguêniev*
Simone Shuba (MP06)

# SEM COLEÇÃO

*Br-3*
Teatro da Vertigem (LSC)

*Com os Séculos nos Olhos*
Fernando Marques (LSC)

*Dicionário de Teatro*
Patrice Pavis (LSC)

*Dicionário do Teatro Brasileiro: Temas, Formas e Conceitos*
J. Guinsburg, João Roberto Faria e Mariangela Alves de Lima (co-ords.) (LSC)

*História do Teatro Brasileiro, v. 1: Das Origens ao Teatro Profissional da Primeira Metade do Século XX*
João Roberto Faria (DIR.) (LSC)

*História do Teatro Brasileiro, v. 2: Do Modernismo às Tendências Contemporâneas*
João Roberto Faria (DIR.) (LSC)

*História Mundial do Teatro*
Margot Berthold (LSC)

*O Jogo Teatral no Livro do Diretor*
Viola Spolin (LSC)

*Jogos Teatrais: O Fichário de Viola Spolin*
Viola Spolin (LSC)

*Jogos Teatrais na Sala de Aula*
Viola Spolin (LSC)

*Léxico de Pedagogia do Teatro*
Ingrid Dormien Koudela; José Simões de Almeida Junior (coords.)(LSC)

*Meierhold*
Béatrice Picon-Vallin (LSC)

*Queimar a Casa: Origens de um Diretor*
Eugenio Barba (LSC)

*Rastros: Treinamento e História de Uma Atriz do Odin Teatret*
Roberta Carreri (LSC)

*Teatro Laboratório de Jerzy Grotowsky*
Ludwik Flaszen e Carla Pollastrelli (cur.) (LSC)

*Últimos: Comédia Musical em Dois Atos*
Fernando Marques (LSC)

*Uma Empresa e seus Segredos: Companhia Maria Della Costa*
Tania Brandão (LSC)

*Zé*
Fernando Marques (LSC)

Este livro foi impresso na cidade de Cotia,
nas oficinas da MetaBrasil, em 2019,
para a Editora Perspectiva.